Aux hommes que nous aimons

Annie Batlle
Sandra Batlle-Nelson

Le bal des dirigeantes

Comment elles transforment le pouvoir

EYROLLES

Groupe Eyrolles
61, bd Saint-Germain
75240 Paris Cedex 05
www.editions-eyrolles.com

Sommaire

Nous remercions chaleureusement celles et ceux qui ont accepté de répondre spontanément à nos questions.

Prologue

Le bal des dirigeantes illustre la nécessité vitale pour les entreprises d'accélérer l'accès des femmes aux postes de direction.

Mère et fille, nous sommes toutes deux femmes d'entreprise et journalistes. Nous avons été dirigées par des femmes et des hommes et nous avons dirigé des équipes de femmes et d'hommes. C'est notre expérience, nos impressions, que nous avons voulu confronter à d'autres.

Au cours de l'enquête que nous avons menée, la plupart de celles et ceux que nous avons interrogés sur les éventuelles différences entre les comportements des hommes et des femmes au pouvoir dans l'entreprise ont souvent exprimé des réserves en début d'entretien : « Tout n'a-t-il pas été déjà dit sur le sujet ? », « Je ne vois pas de différences entre le management féminin et masculin », « C'est affaire de caractère et de personnalité, pas de sexe », « Il y a des femmes qui se comportent comme des hommes et des hommes qui ont des qualités féminines », « Le rôle de toutes les femmes dans l'entreprise est important, pas seulement celui des dirigeantes. »

Ces préalables masquent, entre autres, la crainte des femmes de voir les « différences » justifier, une fois de plus, les discriminations, et la peur des hommes d'être taxés de sexisme. Mais très vite, franchis ces accès prudents, nos entretiens, qui se sont déroulés dans un climat de grande confiance, nous ont confirmé que les femmes managent le plus souvent autrement que les hommes avec toutes les nuances qu'impliquent la génération, la personnalité, l'histoire de chacune, et la culture de l'entreprise dans laquelle elles évoluent.

Cela ne remet aucunement en cause les droits des femmes à l'égalité. Il n'y a pas de raison de se laisser enfermer dans des schémas de pensée périmés qui depuis la nuit des temps opposent et divisent au lieu de relier. C'est ce type d'approche binaire qui est précisément à l'origine de trop nombreux non-sens et injustices : masculin/féminin, supérieur/inférieur, différent/identique, individu/société. L'ère de la complexité appelle le dépassement des antagonismes. L'égalité suppose la différence. La parité ne prend sens que dans la complémentarité.

C'est précisément parce que les femmes dirigeantes se comportent (généralement) différemment des hommes, en particulier dans leur rapport au pouvoir et dans leur relation aux autres, que l'entreprise a besoin d'elles pour se renouveler.

Cette enquête, nourrie de nombreux témoignages, se limite essentiellement à la France et aux grandes entreprises. Notre ambition est qu'elle contribue à sortir la question de la féminisation des instances dirigeantes des seuls milieux spécialisés et à démontrer que ce n'est pas un sujet qui ne concerne qu'une poignée de privilégiées.

C'est une question déterminante pour toutes les femmes qui travaillent ou envisagent de le faire : leur recrutement, leur accompagnement, leur promotion dans l'entreprise, leurs conditions de travail en dépendent. Comme le disent les Anglo-Saxons : « *women top, women in.* »

Elle concerne aussi les citoyens, les consommateurs, les milieux professionnels, les parents, les étudiants car elle est déterminante pour leur avenir et celui de nos sociétés démocratiques.

Introduction

Les entreprises, spécialement les grandes, sont les institutions dominantes du monde de ce début de siècle. Cela ne simplifie pas leurs tâches et donc celles de leurs dirigeants. Elles sont confrontées à des difficultés croissantes qui ne sont pas seulement dues aux défis de la mondialisation, mais aussi à la nécessaire évolution de leur propre gouvernance.

Depuis toujours ce sont les mâles qui s'arrogent la direction de toutes les institutions : militaires, religieuses, politiques et bien évidemment, économiques et sociales.

À la tête des entreprises, malgré des efforts progressifs d'adaptation en termes d'ouverture, d'organisation et de relations, les hommes, dans leur ensemble, perpétuent des traditions qui ne sont plus adaptées aux évolutions de nos sociétés et qui bloquent les changements indispensables.

Mais voilà que sur la plus haute marche des entreprises, un futur se dessine : l'avènement de dirigeantes, des femmes de talent, professionnelles, courageuses, créatives, dotées d'un regard neuf à l'endroit d'un monde aux règles et aux codes exclusivement masculins. Leur faible nombre à ce niveau explique que les changements opérés jusqu'ici sous leur influence sont encore peu spectaculaires. Ils existent néanmoins et laissent augurer, quand il y aura autant de dirigeantes que de dirigeants, des transformations profondes dans la façon de considérer le pouvoir et de gérer les affaires. Ces transformations correspondent aux attentes de la majorité des parties prenantes de l'entreprise pour son indispensable modernisation.

Nous éviterons ici d'entrer dans les débats sensibles sur : nature, culture, identité, genre, différence, bien qu'en tant que femmes nous sachions combien ils sont cruciaux. Notre intention n'est pas de dresser un panégyrique des femmes, pas plus que de nous livrer à une critique systématique des hommes au pouvoir. Mais de constater que la monoculture mâle s'essouffle dans l'entreprise, alors que les femmes échappent aux conditionnements qui leur avaient été imposés sur des millénaires.

Alors que, libérées, elles peuvent apporter des visions, des valeurs, des vertus relationnelles acquises au cours de leur histoire. Car « *Les femmes ne sont pas des hommes comme les autres.* »[1]

L'ambition de ce livre est :

- d'illustrer, dans la partie I, comment les dirigeantes agissent en situation professionnelle autrement en général que les dirigeants piégés par une culture multiséculaire du pouvoir. Et comment elles peuvent innover dans la façon de gérer les richesses humaines et les organisations pour améliorer leurs performances. Pour le plus grand profit de l'entreprise.

- de mettre en évidence, dans la partie II, sans négliger les nombreux obstacles qui restent dressés intentionnellement ou non sur le parcours des femmes, les tendances lourdes économiques, sociales, démographiques, politiques, les « futuribles » qui vont faciliter leur accès aux postes de responsabilité supérieure.

- de proposer, dans la partie III, des démarches accélératrices pour éviter les régressions possibles, conforter la répartition équitable des postes de direction entre les hommes et les femmes et donner ainsi aux entreprises et à leur management un nouveau futur.

---

1. Janine Mossuz-Lavau et Anne de Kervasdoué, *Les femmes ne sont pas des hommes comme les autres*, Odile Jacob, 1997.

XIII

PARTIE I

La valeur ajoutée des femmes

L'entreprise, institution-clé de la vie économique, est l'arène privilégiée des jeux de pouvoir. Pouvoir au masculin compte tenu de son histoire : elle a été créée par des hommes et pour les hommes. Pouvoir hiérarchique qui s'exerce parfois avec violence sur les organisations et sur les collaborateurs. Pouvoir instrument de l'exclusion, des femmes en particulier. Comme le formule Valérie Toranian, directrice de la rédaction de l'hebdomadaire Elle *: « Comme elles ont toujours été privées symboliquement de pouvoir, elles incarnent symboliquement, non pas le contre-pouvoir, mais sa remise en question. »[1] C'est fondamentalement la raison pour laquelle elles sont porteuses d'une dynamique nouvelle.*

---

1. Valérie Toranian, *Pour en finir avec la femme*, Grasset, 2004.

1. Le pouvoir, une très ancienne exclusivité masculine

> *« Toute structure sociale prend naissance*
> *dans le pouvoir du père. »*
> Élisabeth Badinter[1]

L'entreprise industrielle a été comme toutes les institutions, l'Église, l'Armée, la Nation, conçue sur le mode paternaliste dont on connaît bien le *« design »* : autorité de droit divin des chefs mâles, pouvoir centralisé dans leurs mains et contrôlé par des sous-chefs dans une structure hiérarchique qui cloisonne soigneusement les décideurs et les exécutants, les responsabilités et les tâches et qui organise l'obéissance de tous.

Les femmes, comme dans les autres organisations sociales, sont entrées dans cet *« ordre masculin »* (qui, comme le montre Pierre Bourdieu dans *La domination masculine*[2], se passe de

------

1. Élisabeth Badinter, *L'un est l'autre*, Odile Jacob, 2004.
2. Pierre Bourdieu, *La domination masculine*, Points, 2002.

justification), par la petite porte, pour effectuer des tâches subalternes. *« Au cours de la première révolution industrielle, elles entrent dans le salariat comme auxiliaires de machines ou pour effectuer des travaux répétitifs dans le tissage, la métallurgie, l'électronique, dans les bureaux où leur dextérité et leur soumission font merveille »*, rappelle Évelyne Serdjénian[1]. À la frontière qui existait entre travail professionnel et travail domestique s'est alors ajoutée une frontière entre emplois féminins et emplois masculins à l'intérieur de l'entreprise.

Pendant les Trente Glorieuses, années de croissance et de consommation, les filles font des études de plus en plus poussées, commencent à être choyées comme clientes par les entreprises. Elles s'y introduisent en masse depuis la fin des années 60 qui consacrent leur libération sur le plan sexuel (la pilule – 1967) et économique (elles n'ont plus besoin de l'autorisation de leur mari pour travailler – 1965) Le nombre de femmes cadres s'accroît et quelques dirigeantes pointent le nez.

Les évolutions de l'entreprise

Certes, les hommes n'ont pas attendu l'arrivée des femmes au pouvoir pour réaliser que les

---

1. Évelyne Serdjénian, *L'égalité des chances et les enjeux de la mixité*, Insep Consulting, 1987.

entreprises conçues à l'ère de l'énergie et de la machine par les ingénieurs, seigneurs du régime, dans un contexte simple et normatif, devaient s'adapter à la complexité croissante de l'environnement, à la montée des services, aux exigences des clients noyés dans l'offre proliférante de produits et de services et au développement des nouvelles technologies de l'information. Depuis les années 70, en réponse aux insuffisances de la structure pyramidale, de nouveaux types d'organisation sont apparus : organisations matricielles (années 70), organisations transverses (par projet et par processus) dans les années 80-90, puis réticulaires et virtuelles. Les experts préconisent de décloisonner les organisations, de les rendre plus flexibles, de miser sur des structures en réseau, de décentraliser les décisions, d'autonomiser le personnel pour libérer les énergies et les intelligences et atteindre l'excellence. Avec le développement de l'analyse systémique et de la pensée complexe, la métaphore du vivant prend le pas sur celle de la machine pour inspirer l'entreprise qui doit devenir *« polycellulaire »*[1], *« en réseau »*[2], *« intelligente.*[3] » Les modes managériales ne cessent de se succéder : qualité, juste à temps, reengineering des processus, empowerment, etc. Mais de fait, comme le

---

1. Hubert Landier.
2. Hervé Sérieyx.
3. André-Yves Portnoff.

remarque François Dupuy, sociologue, président de Mercer Delta Consulting France : *« L'évolution des organisations traditionnelles s'est faite essentiellement autour de l'exigence accrue de qualité et de réduction des coûts. »*

Sans grand changement pour les femmes dirigeantes

On pouvait penser que ce courant d'innovations ouvrirait des voies d'accès au pouvoir des femmes. C'était sans compter avec la nature des institutions dont l'objectif profond est de changer juste assez pour survivre, sans compter non plus avec l'attachement des hommes au pouvoir, peu enclins à son partage. Ils le prennent, ils le défendent, ils le gardent : tous se sont donc hâtés lentement pour évoluer. Il n'y a pas eu de percée marquante des femmes dans les cercles magiques. Elles ont progressé mais y ont accédé en petit nombre. Suffisamment quand même pour qu'il ne soit plus possible aujourd'hui de parler de femmes alibis. Et pour qu'on puisse apprécier concrètement leur façon d'exercer des responsabilités et leur capacité de faire évoluer l'entreprise confrontée aux mutations de l'ère de l'information et de la globalisation.

Les femmes en chiffres dans le monde professionnel

<table>
<tr><td>

Vision globale

– 46 % de la population active est composée de femmes

– Entre 1990 et 2002, les effectifs féminins ont progressé de 15 %, les effectifs masculins de 1 %

– 63,4 % des femmes en âge de le faire travaillent (contre 75,1 % des hommes)

– Entre 25 et 49 ans, 80 % des femmes travaillent

– 56 % des étudiants de l'université sont des étudiantes

– 49 % de filles dans les écoles de commerce

– 25 % de filles dans les écoles d'ingénieurs

– Chez les 25-35 ans, 68 % des filles ont leur bac contre 54 % des garçons

– 30 % des cadres sont des femmes (contre 15 % il y a 30 ans)

– 30 % des créateurs d'entreprise sont des femmes

– Le nombre de femmes cadres d'entreprises a progressé de 100 % entre 1990 et 2002

– Le salaire moyen des femmes est inférieur de 21 % à celui des hommes

– 76 % des employés sont des femmes

– Elles sont majoritaires dans le secteur tertiaire (70%) santé et travail social (78, 2%) et éducation (65,3%)

– 30 % des femmes actives travaillent à temps partiel contre 5 % des hommes.

– Elles représentent 80 % des emplois à très bas salaires

– 11% des femmes actives sont au chômage contre 8,8 % pour les hommes

[Chiffres-clés sur la parité – INSEE 2004]

</td></tr>
<tr><td>

La part des femmes des femmes parmi les dirigeants

Gérants minoritaires ou non associés (SARL) 18, 5%

PDG ou présidents du directoire 10, 5%

DG ou autre membre du directoire 29,2%

6% de femmes dans les Conseils d'Administration

5% dans les comités exécutifs

0% de femmes à la tête d'une entreprise du CAC 40

Ensemble des dirigeants salariés 17%

Le salaire des dirigeantes salariées est inférieur de 30 % à celui de dirigeants

[Chiffres clés sur la parité Insee 2004]

– 31 femmes occupent 38 mandats sur les 573 sièges d'administrateurs, soit 6,5 % de femmes

– Sur les 40 sociétés du CAC, 26 ont au moins une femme dans leur conseil d'administration et 14 n'en ont pas

[Action de femmes 2005]

</td></tr>
<tr><td>

Les femmes dans la fonction publique d'Etat

Majoritaires dans l'effectif (57, 4%), elles ne représentent que 13% des hauts fonctionnaires. INSEE 2004.

</td></tr>
</table>

Des comportements de minorité

Dans cet univers étranger (et étrange) – que les hommes avaient conçu et dont elles n'avaient pas les codes – « *les femmes sont en quelque sorte comparables à des immigrées (première puis deuxième génération), toujours minoritaires dans les cercles du pouvoir* », comme le souligne Avivah Wittenberg-Cox, directrice de Diafora et fondatrice du réseau de femmes *European Professional Women's Network* (PWN). Elles se sont comportées comme toutes les minorités au fil des générations et en fonction de leur personnalité : soumission, agressivité, assimilation, résistance, lutte pour leurs droits et invention. Comment être naturelle dans un milieu débordant d'a priori (sur la femme qui doit être modeste, fragile, dévouée), dans des situations où on vous attend à chaque tournant ? D'où la litanie des lieux communs exprimés par des hommes mais aussi par des femmes, du style « *elles sont pires que des mecs* » ou « *ce sont des enquiquineuses* » ou encore, plus pernicieux, « *on sait comment elles y sont arrivées…* ». Comme le dit Marc Augé, ethnologue : « *L'individu n'est pas libre d'être ce que l'époque ne veut pas qu'il soit, l'identité est une construction sociale* »[1]. Et le genre, la construction sociale entre les sexes.

----

1. Marc Augé, *Pour quoi vivons-nous ?*, Fayard, 2003.

⭕ « Les femmes sont en train de prendre le pouvoir »

Éliane Moyet-Laffon est présidente du club HRM Women et chasseur de têtes depuis trente ans.

« Les femmes sont en train de prendre le pouvoir. Elles prennent de l'assurance et le revendiquent. On en est aux faits. Du coup, il y a une certaine crispation du côté des hommes. Tant qu'il s'agissait de discours, cela ne leur posait pas de problème. Maintenant, certains savent qu'il y a un risque qu'une femme prenne leur place. Les hommes sont au pouvoir et le pouvoir ça ne se donne pas, ça se prend, violemment. Il y a des millénaires que ça dure, et il y a encore du chemin à faire. Pendant des années, la question des femmes ne se posait pas. Mes clients voulaient des hommes et de toute façon, c'était difficile de trouver des femmes à un certain niveau. Ensuite, si je proposais des femmes, on me répondait : "Chez nous, ce sera difficile car ce n'est pas dans notre culture…" Ensuite, on déclarait : "On prendrait bien des femmes, mais…" Puis : "On pourrait prendre des femmes." Mais dans les faits, on en prenait rarement. Maintenant, on me dit clairement : "On voudrait une femme." Mais pour les postes au sommet, les réticences sont toujours très fortes. Il n'y a qu'à voir les trombinoscopes des grands groupes : que des hommes ! Seulement 5 à 6 % de femmes dans les conseils d'administration des grands groupes. C'est inouï ! En plus, il y a toujours 30 % de différence entre les salaires des cadres supérieurs hommes et femmes. Les mentalités évoluent très lentement et il

reste encore d'énormes progrès à faire. Il paraît difficile qu'on revienne en arrière. Il faut se battre. Je suis de plus en plus radicale en vieillissant. »

2. Ces femmes au sommet

« Dès le départ, j'ai eu envie d'agir sur les événements, d'entrer dans les univers où se prennent les décisions. À la fac, j'ai été vice-présidente de l'UNEF. Ma mère avait travaillé puis abandonné son job au moment de la naissance de son second enfant, elle l'a toujours regretté. J'avais intériorisé une image de femme forte et libre. »
Gabrielle Rolland[1]

Les femmes que l'on trouve à des postes de pouvoir dans les entreprises n'y sont pas par hasard. Elles l'ont voulu. Entraînées par un moteur puissant qui ne les a jamais lâchées depuis leur jeunesse : l'envie d'apprendre et de comprendre le monde et les autres ; le désir d'avoir de l'influence, de changer le cours des événements. Et, par-dessus tout, la volonté d'être autonomes, de ne dépendre ni de leurs parents ni des hommes (qui passe toujours par l'autonomie économique), de choisir leur vie, de lui donner un sens, leur sens, autre que celui assigné depuis des temps immémoriaux par la société : gérer sa famille et sa maison. *« Je me*

____
1. Gabrielle Rolland, consultante, ancienne associée de Cap Gemini.

suis toujours vue faisant des choses, agissant, travaillant, construisant » confie Laurence Danon[1], présidente du directoire du Printemps.

Leur rapport avec leur mère semble jouer un rôle déterminant, que celle-ci travaille ou n'ait jamais travaillé, ou ait arrêté de le faire et l'ait toujours regretté. Elles ont grandi, souvent avec des frères, dans des milieux où il était souhaité qu'elles fassent des études et se lancent dans la vie professionnelle, qu'il s'agisse de milieux modestes et d'un souci de promotion ou de milieux plus aisés, ouverts à l'émancipation des femmes. Pour certaines, de douloureux traumatismes ont joué un rôle, comme chez les enfants de parents victimes ou survivants de la dernière guerre, qui ont voulu absolument s'en sortir. Avivah Wittenberg-Cox raconte que dans une réunion de dirigeantes de son club européen de femmes PWN, un pourcentage significatif des membres partageaient cette histoire dramatique.

Le parcours des combattantes

Peu de freins donc au niveau familial, mais, après les études, le parcours d'obstacles commence et les mêmes constatations, les mêmes mots reviennent chez la plupart des dirigeantes interrogées : il faut travailler deux fois plus (que les hommes) ; il faut faire mieux ;

---

1. Laurence Danon.

il faut sans cesse faire ses preuves, lutter contre un faisceau de préjugés. *« J'ai coaché une femme qui venait d'entrer dans un comité de direction d'une entreprise d'assurances. On lui a adressé des réflexions du type : « Tu vas t'asseoir à la même table que nous ? » Elle s'est battue et a travaillé deux fois plus qu'un homme pour être acceptée. Ses compétences ont été reconnues mais les comportements n'ont pas changé. »*[1] Quand elles arrivent aux sommets, où les places se font rares pour tous, si elles n'ont pas craqué avant, il est évident qu'elles ont la santé et qu'elles en veulent vraiment. *« Une femme peut progresser rapidement dans l'entreprise, mais il y a un moment où elle est pénalisée pour atteindre les postes de haute responsabilité. Les hommes ont le pouvoir et ils le gardent. »*[2] Elles ont toutes travaillé comme des bêtes, détiennent des compétences de premier ordre, ont le cuir solide et une énergie farouche. *« Je n'ai jamais rencontré quelqu'un qui travaille plus que moi »*, déclare Mercedes Erra, présidente de Euro RSCG Worldwide.

Elles ont parfois accepté de perdre un ou plusieurs hommes en route dans leur vie privée et de vivre avec une mauvaise conscience permanente vis-à-vis de leurs enfants. Quand on demande à Martine Bidegain, ancienne DRH de Thomson puis directrice déléguée générale

---

1. Dominique Hans, coach de dirigeantes.
2. Laura Serani, directrice des galeries photo de la Fnac.

d'Air France, si elle a culpabilisé, elle répond sans hésiter : « *Tout le temps.* »[1] Mais aucune d'entre elles ne semble regretter l'aventure. Elles sont d'incontestables leaders. Pourtant il y a encore certains hommes (de moins en moins) pour dire que « *ce n'est pas par hasard* » ! « *Le tourisme étant un milieu très macho, on m'a toujours rapporté des propos d'hommes qui disaient que si j'avais réussi... c'était grâce à mon divan* », confie Martine Balouka, directrice générale Tourisme Pierre & Vacances, Maeva, Orion, MGM, à la tête d'une entreprise de 5 000 personnes.[2] Ce parcours de combattante peut avoir des incidences sur leur comportement (autosatisfaction, dureté, virilité, etc.) qu'on ne manque pas de reprocher à certaines d'entre elles.

La voie est plus libre et aisée pour celles qui prennent des itinéraires moins encombrés d'hommes tels que la communication, les ressources humaines, le marketing,... ou tout à fait nouveaux, comme pour Marie-Christine Levet, présidente de T-Online France Club-Internet, qui s'est lancée dans l'aventure internet au tout début, en 1997, « *à une époque où peu de gens y croyaient* ». Il y aussi celles, nombreuses, qui pour être leur propre patron ont fondé leur entreprise, à l'instar de Margaret Milan, créatrice

---

1. Martine Bidegain.
2. Martine Balouka.

d'Éveil & Jeux, qui s'est toujours dit : « *Je serai patronne ou je créerai ma boîte.* »[1]

Des femmes alibis

Dans la génération qui a la soixantaine aujourd'hui, plusieurs rappellent que le fait d'être la seule de leur sexe pouvait être un atout. « *Quand j'ai démarré dans le milieu du conseil, il n'y avait pas beaucoup de femmes. Avec Bernard Krief s'est instaurée une relation de Pygmalion, je n'étais pas menaçante* » reconnaît Chantal Baudron, ex-directrice de Bernard Krief Recrutement, avant de fonder son propre cabinet, Chantal Baudron SA. De même, Gabrielle Rolland raconte qu'on la trouvait « *rigolote* » et qu'on ne lui a mis nulle part des bâtons dans les roues alors que, toute jeune et directrice générale adjointe de l'IFG (Institut français de gestion), elle montait efficacement des partenariats avec les universités des États-Unis, du Brésil, du Japon, de Malaisie, d'Allemagne et de Côte d'Ivoire.

Cristina Lunghi[2], fondatrice d'Arborus, association pour la promotion des femmes dans l'univers professionnel, observe trois générations de dirigeantes : les plus anciennes qui se

---

1. Margaret Milan.
2. Cristina Lunghi , *Et si les femmes réinventaient le travail*, Eyrolles, 2001.

sont plus ou moins fondues dans le moule, les médianes qui ne savent pas très bien sur quel pied danser, et les plus jeunes qui revendiquent leur féminité.

◯ Christine a placé la barre très haut

Christine Lagarde est avocate, ministre déléguée au Commerce extérieur, ancienne présidente du conseil stratégique mondial de Baker & McKenzie.

« Je n'avais pas le droit de me tromper. »

Avant d'être nommée ministre déléguée au Commerce extérieur en 2005, l'avocate Christine Lagarde a fait carrière chez Baker & McKenzie, premier cabinet d'avocats international, avec une ascension fulgurante, couronnée par son élection en octobre 1999 comme présidente du comité de direction mondial. Sous sa présidence, le cabinet a augmenté son chiffre d'affaires de 50 %. Christine Lagarde fut la première femme – et qui plus est la première Française – à accéder à ce poste, ce qui lui valut, à l'époque, une grande médiatisation. *« J'ai eu la chance d'avoir des patrons extraordinaires dont une femme en particulier. Le rôle de mentor est très important. C'est celui qu'a joué la femme, qui m'a recrutée et elle a beaucoup participé à ma formation. Elle a été aussi mon premier obstacle car elle a reculé d'un an la date à laquelle j'ai été nommée associée, pensant que je devais encore faire mes preuves. Je ne lui en étais pas reconnaissante à l'époque mais elle avait raison. J'ai été nommée un an plus tard, à trente et un ans.* » À l'entendre, l'itinéraire de cette fille d'universitaires, dont le premier modèle est sa mère – veuve, elle a élevé ses quatre enfants – se déroule sans embûche, sans plan de carrière, ni stratégie. Elle dirige d'abord le bureau de Paris puis le comité de nomination de Baker & McKenzie la sélectionne pour rejoindre la tête du comité exécutif. « *Comme je savais que j'étais la première femme à ce poste, je me sentais une responsabilité vis-à-vis des autres femmes et notamment celles qui pourraient me succéder. J'ai placé la barre très haut. On ne m'a pas rendu la tâche difficile parce que j'étais une femme mais c'est moi qui me la suis rendue plus difficile. Je n'avais pas de modèle autre que masculin. Je n'avais pas le droit de me tromper.* » Le fait d'être une femme n'a posé aucun problème en interne. En revanche, en externe, certaines mauvaises langues, « *dans les dîners en ville* », prétendent qu'elle a obtenu le poste précisément parce qu'elle est une femme.

L'aménagement du temps de travail est une douce illusion

Baker & McKenzie ne compte que 9 % de femmes associées quand elle prend la tête du cabinet en 1999 et 15 % aujourd'hui. « *Ce n'est pas terrible.* » Les raisons : « *C'est un métier qui est dur. Il faut faire ses preuves au moment où biologiquement on est disposé à faire des enfants. Il faut aussi une grande disponibilité à consacrer aux clients, y compris*

16

le soir. L'aménagement des horaires de travail est une douce illusion. » Autre problème, les avocates ne sont pas salariées et ne bénéficient pas de congé de maternité. Une des premières actions de Christine Lagarde est donc d'instaurer un mécanisme de financement interne pour que les avocates soient dédommagées lors de ce congé. Pour elle, des solutions doivent être recherchées du côté de la sphère privée : « *Il faut avoir un conjoint qui comprenne les impératifs de notre métier et accepte de porter sa part de parentalité. Mais cela ne sera jamais à parts égales car même avec les hommes les plus désireux de participer, ce sont toujours les femmes qui prévoient les rappels des vaccins, organisent les vacances scolaires, etc.* »

Selon Christine Lagarde, les femmes apportent de la valeur aux entreprises : « *Nous sommes, qu'on le veuille ou non, culturellement, historiquement, différentes des hommes. Cela nous oblige à nous remettre en question, à être tolérantes, vertus fondamentales pour l'entreprise. Paul Valery disait : "Mettons en commun ce que nous avons de meilleur et enrichissons-nous de nos différences."* »

La vie est trop courte pour ne pas dire la vérité

Quand Christine Lagarde prend ses fonctions de présidente en 1999, Baker & McKenzie compte 3 200 avocats, dont 600 associés. La structure est très démocratique et chaque associé compte autant que les autres. « *Les avocats ont des ego surdimensionnés et se croient tous plus malins que les autres. Les décisions se prenaient en assemblée plénière des associés, sorte de forum d'organisation matricielle divisé par pays et par métier. C'était épouvantable à manager.* » Elle propose une réforme pour instaurer une délégation de pouvoir et permettre des prises de décision plus rapides. « *J'ai créé trois niveaux : d'abord les associés puis un* policy comity *avec 50 associés qui se réunit deux fois par an et au-dessus, un groupe de 8 personnes (le bras armé du* policy comity*) représentant toutes les régions du monde.* » Autre réforme : celle du « *client d'abord* » (« client first »). « *J'ai mis en place ce programme pour qu'on analyse les besoins des clients. Cela a conduit les avocats à les écouter davantage, ce qui n'était pas toujours le cas auparavant.* » Et elle s'applique ce principe. « *D'après mes collaborateurs, je sais écouter. Je fonctionne plutôt par consensus. J'essaie d'être honnête, même sur les sujets les plus difficiles. S'il y a des choses désagréables à dire, je les dis, sans être humiliante. La vie est trop courte pour ne pas se raconter la vérité. Il faut le faire, sans faire mal. Un de mes collaborateurs m'appelle d'ailleurs* « little knife ».

Déterminée à perdre le pouvoir

« *En toute modestie, je pense que ce sont mes compétences qui m'ont permis d'accéder au pouvoir avec 98 % des voix. Je n'ai pas eu à me battre pour le conserver. Par contre, j'ai été déterminée à le perdre.* » Elle constate que ses prédécesseurs quittaient leur poste « *ou se faisaient prier de le faire* » au bout de trois ans, alors que le mandat de directeur du comité était de cinq ans. Elle demande donc un mandat de trois ans, qui lui a été renouvelé une fois à 98 % des voix. Mais la dernière année de son mandat, elle décide d'abandonner ses fonctions. Première raison invoquée : la fatigue. *« Je voyageais tout le temps pour visiter nos bureaux dans 38 pays. »* Autre raison : une forme d'usure du pouvoir. *« Il y a un phénomène d'accoutumance au pouvoir qui n'est pas sain et qui empêche de se renouveler, de créer de nouvelles idées. Certaines choses deviennent naturelles comme descendre dans les meilleurs hôtels, être entourée de gens qui vous admirent pour votre titre. Un mandat de cinq ans, c'était suffisant. J'avais besoin d'arrêter et de régénérer mes idées. Pour une entreprise, c'est bien de renouveler les patrons. J'ai voulu laisser le pouvoir à d'autres. »*

CV

49 ans.
IEP Paris, maîtrise de droit des affaires et DESS de droit social à Paris X.

Avocate au barreau de Paris, spécialisée en droit de la concurrence et droit social, elle a fait sa carrière dans le plus gros cabinet international Baker & McKenzie dont elle a été la présidente du comité de direction mondial. Nommée 5e femme d'affaires européenne par le *Wall Street Journal* en 2002, elle appartient aussi au club mondial des 100 femmes de pouvoir reconnues par *Forbes Magazine* en 2004.

◯ Le mari de Mercedes est à la maison

Mercedes Erra est présidente exécutive d'Euro RSCG Worldwide, présidente de BETC Euro RSCG et présidente de l'association HEC.

« J'ai une énorme capacité de travail. »

« Je suis passionnée, extrêmement active, parfois excessive. » Mercedes Erra est ce qu'on appelle une personnalité. Énergique, directe, extravertie, look mémorable – cheveux blond platine, coupe garçonne, lunettes design – elle séduit les médias notamment pour sa vie de couple atypique. On a beaucoup parlé de ces parents de cinq garçons avec monsieur au foyer tandis que madame gère la plus grosse agence de publicité française. Mercedes ne doit pas sa réussite au hasard même si elle nie avoir eu une stratégie pour accéder au sommet de sa boîte. *« Je n'ai fait que travailler. Toute débutante, je voulais des responsabilités. J'avais la capacité d'endosser, de résoudre beaucoup de problèmes à la fois. Et le pouvoir ne m'inquiétait pas du tout… »* Et d'ajouter : *« Mais on n'est pas obligé d'être aussi grave que moi en termes de travail… Je ne me considère vraiment pas comme un exemple. »*

Son moteur

Son moteur ? Concrétiser ses projets au sein de l'entreprise, pour laquelle elle a beaucoup d'ambition. Car si elle admet tenir au pouvoir, c'est afin de réaliser des choses. *« Je n'ai pas du tout envie qu'on me dise que je n'ai plus ce pouvoir-là. Par contre, le pouvoir qui n'en est pas un – celui de représentation notamment – ne m'intéresse pas. Certains patrons n'ont aucun pouvoir.* » Selon elle, le fait d'être une femme n'a pas été un handicap pour son ascension professionnelle, dans un secteur réputé assez machiste. Elle estime que les femmes sont « *plus dans le réel, plus pragmatiques, ont plus d'esprit pratique et s'intéressent moins aux jeux de pouvoir* ». Son goût immodéré pour le travail s'explique en partie par son enfance. « *Ma mère était une femme au foyer. J'avais l'impression que mon père s'amusait au bureau et qu'elle travaillait tout le temps. Quand mon père se plaignait d'être fatigué, je ne le croyais pas. Ma mère est une femme extravertie qui a été enfermée à la maison. Ce n'est pas toujours gai, le ménage…* » Autre injustice : « *Il n'y avait pas vraiment d'égalité entre frères et sœurs : quand il s'agissait d'aider à la maison, c'était toujours le tour des filles. J'avais développé l'idée que les garçons avaient un léger handicap…* »

Je ne crois pas au rôle de la femme ni au rôle de l'homme

Aujourd'hui encore, elle estime que « *la maison n'est pas toujours un lieu formidable pour les femmes en termes d'équilibre personnel* ». Et regrette que « *l'entreprise familiale* » repose prioritairement sur les femmes. « *Ce qui les freine le plus dans l'accession au pouvoir, c'est leur double vie. Elles travaillent plus que les hommes. Si on cumule l'entreprise et la maison, une femme doit être sur tous les fronts. C'est pour cela que certaines choisissent de privilégier leur vie personnelle. Aujourd'hui, de plus en plus de jeunes femmes font ce choix. Il y a une certaine régression qui m'attriste.* » Mercedes, elle, a fait un choix différent. C'est son mari qui est aux commandes à la maison et gère le quotidien de leurs cinq garçons. « *Je ne culpabilise pas de ne pas être à la maison, à partir du moment où mes enfants vont bien. Je ne crois pas au rôle de la femme et au rôle de l'homme. Cela dépend des personnalités, pas du sexe. Je ne pense pas qu'un enfant ait davantage besoin de sa mère que de son père. Mes enfants ont une relation fusionnelle avec leur père mais aussi avec moi. Il n'y a pas une façon unique d'être mère. Mais même si mon mari m'aide beaucoup, je prends en charge une grande partie de la vie de la maison. Je ne pourrais pas me définir uniquement par mon travail.* »

Ne pas tout accepter

Les femmes ont besoin d'avoir confiance en elles, de ne pas accepter que tout repose sur elles dans leur foyer. Selon Mercedes, elles ont leur part de responsabilité : « *Les femmes n'ont pas toujours envie de se battre. Elles ne s'identifient pas forcément au combat de l'égalité et retournent parfois à une forme d'acceptation passive. Elles culpabilisent pour les enfants quand elles travaillent et acceptent que leur mari ne fasse pas grand-chose à la maison. Mais pour que le monde avance, il ne faut pas l'accepter car le partage entre femmes et hommes est probablement la clé d'une véritable égalité qui sera profitable à chacune et à chacun. Nous avons tous le droit de vivre de façon harmonieuse vie professionnelle et vie privée.* »

CV

51 ans.
Maîtrise et CAPES de lettres, HEC.

Elle est la 1re femme à avoir été présidente de l'Association des agences conseils en communication (AACC) pour le mandat 2002-2004. Sous sa présidence, BETC Euro RSCG est devenue numéro un des agences de publicité françaises en termes de chiffre d'affaires, et compte parmi ses clients Air France, BNP Paribas, Bongrain, Canal +, Carrefour, Danone, Evian, Kraft Foods, Lacoste, L'Oréal, Louis Vuitton, LU, Orange, Peugeot. L'agence a été nommée agence française la plus créative pendant neuf années consécutives, et également *« meilleure agence européenne »* par le journal américain *Ad Age Global*.

3. Le pouvoir pour faire

> *« D'une manière générale, les hommes aiment plus le pouvoir et l'exercer sur beaucoup de gens. Ils en apprécient les signes extérieurs, la voiture par exemple. Les femmes s'en fichent. Elles sont rarement arrivées à des postes de direction par goût du pouvoir mais par intérêt du travail, par envie d'épanouissement personnel. Moi, j'avais l'ambition de construire. »*
> Marie-Christine Levet[1]

Elles ne sont donc pas arrivées au pouvoir par hasard. Et elles n'ont pas non plus prouvé toutes ces compétences ni déployé toute cette énergie pour récupérer un grand bureau, un fauteuil confortable, une belle carte de visite et une cour de subordonnés empressés. *« Il ne faut pas se prendre pour sa fonction. »* déclare Anne Lauvergeon, présidente du directoire d'Areva.

Elles ont travaillé pour pouvoir agir un jour plus librement et pour avoir des résultats. Pierre Bellon, président de Sodexho Alliance, l'a constaté, comme bien d'autres, au cours de sa longue carrière et de sa cohabitation avec les femmes : *« Elles attachent plus d'importance à la réalisation des projets dont elles ont la charge qu'au prestige, contrairement aux hommes qui ont besoin d'exercer une autorité hiérarchique. »* Beaucoup d'hommes se sentent en effet dévalorisés si un

---

1. Présidente de T-Online France Club Internet.

changement de poste ne correspond pas à davantage de visibilité, de personnel, d'attributs classiques du chef. Alors que *« le statut, je m'en fiche »* déclare Claire Breuvart *« je préfère qu'on m'appelle Madame la créatrice que Madame la présidente. »*[1]

Le parcours de Chantal Jaquet s'est effectué dans la distribution (Printemps, System U, Carrefour). Elle y a occupé des postes-clés : *« Le pouvoir pour moi est au service de l'entreprise. Le moment où j'ai le plus apprécié d'en avoir, c'est lorsque j'ai pu utiliser les moyens et la notoriété de Carrefour pour mettre en évidence le manque de recherches sur les dangers des OGM et proposer un plan d'action. »*

Pour les dirigeantes, c'est le projet qui donne le sens, assorti de la possibilité de le réaliser, pas la puissance. C'est ainsi que nombre d'entre elles peuvent quitter ou refuser des fonctions prestigieuses dans lesquelles elles se sentent bridées ou démotivées pour des aventures nouvelles, parce qu'il leur faut pouvoir *« changer les choses »*. Ainsi, Élisabeth Laville, la tonique patronne de l'agence Utopies, a choisi de fonder son entreprise sur le développement durable plutôt que de diriger une grande ONG qui risquait de l'immerger dans la technocratie.

---

1. PDG de la Régie européenne de cinéma.

Pour Mercedes Erra, c'est « *l'acte de réaliser, de concrétiser le projet* » qui l'anime.

Construire, réaliser, avancer revient dans toutes les bouches. « *Ce qui m'intéresse, c'est que le travail avance et soit bien fait* » confie encore Françoise Jeanson, présidente de Médecins du Monde.

À partir du moment où elles ont atteint un certain niveau, beaucoup de dirigeantes n'ont pas de stratégie de carrière. Elles se laissent porter par les occasions et par leurs désirs. Laurence Danon a bougé parce qu'elle « *a connu des périodes où des choix se présentaient* ». Martine Bidegain « *a toujours choisi ses projets et ses patrons* » et changé de job « *quand elle commençait à s'ennuyer* ». Ne pas avoir de plan de carrière est peut-être un avantage : n'ayant pas le nez sur les organigrammes, elles sont plus ouvertes aux opportunités de toutes sortes.

La satisfaction de faire

Leur démarche est volontariste. L'injonction « *Tu seras un chef mon fils* » n'a pas pesé sur elles. Elles s'investissent par intérêt. Le plaisir n'est donc jamais absent de l'exercice des responsabilités. « *Quand je suis à l'hôpital, je me sens bien. J'ai le sentiment d'être utile et j'ai du mal à en partir* » déclare Véronique Desjardins, directrice de l'hôpital Bretonneau, mère de quatre enfants. Quand le plaisir s'émousse, elles s'en vont.

C'est sans doute parce que les femmes sont pragmatiques et concrètes qu'on (surtout les hommes) a souvent dit d'elles qu'elles manquaient de vision, cette caractéristique des grands chefs charismatiques. En fait, elles sont tout à fait capables de voir loin et large en restant réalistes. « *Elles ont une approche holistique, plus globale, plus riche, plus intuitive à l'égard du futur* » estime Béatrice Dautresme, vice-présidente de l'Oréal. Raison pour laquelle on trouve de plus en plus de femmes dans les départements de prospective comme chez l'Oréal, Danone, Pierre & Vacances. Fons Trompenaars, qui dirige la société internationale de conseil du même nom, déclare : « *Il vaut mieux engager des femmes pour détecter les interrelations entre les phénomènes, que de faire tourner des modèles compliqués.* »

Anne Fouchard, directrice à l'Unicef France, témoigne : « *Carol Bellamy, présidente de l'Unicef de 1995 à 2005, puis directrice exécutive est vraiment quelqu'un qui a eu une vision politique à long terme et a transformé en profondeur l'organisation en mettant les priorités sur la protection des enfants en général et des filles en particulier. Jusque-là, seules les questions de développement, eau et santé étaient prio-*

ritaires. Elle a conçu une stratégie qu'elle s'est efforcée par tous les moyens de mettre en œuvre en entraînant les équipes derrière elles, malgré de nombreuses difficultés. »

Peu influencées par l'ère du taylorisme qui a marqué l'univers de l'entreprise et en particulier la séparation entre ceux qui pensaient, dessinaient l'avenir et ceux qui devaient le fabriquer, elles ne sont pas impressionnées par les virtuoses qui projettent de magnifiques lendemains sur de beaux transparents et ne seront plus là à l'échéance. Les femmes ne sont intéressées que par un avenir possible. « *Nous ne ferons pas l'économie de la réalité. Le réel est le matériau à partir duquel nous pourrons construire* » déclare Laurence Parisot, présidente du Medef[1]. Elles ne séparent pas la vision de la stratégie, ni la stratégie de sa mise en œuvre et du contrôle des résultats. « *Ce sont des tricoteuses* »[2], elles vont au bout de l'ouvrage. Le pouvoir, c'est « *le permis de construire* »[3].

---

1. Université d'été du Medef, 2005.
2. Martine Bidegain.
3. Valérie Toranian *Pour en finir avec les femmes*, op. cit.

◯ Gabrielle agit sur les événements

Gabrielle Rolland est consultante en leadership et sociologue.

> *« Les hommes me trouvaient rigolote*
> *tant qu'il n'y avait pas d'enjeu de pouvoir. »*

« Dès le départ, j'ai eu envie d'agir sur les événements, d'avoir de l'influence, d'entrer dans les univers où se prennent les décisions. » Gabrielle Rolland a comme modèle sa mère qui a toujours regretté d'avoir arrêté de travailler après son second enfant. *« J'avais une image de femme féminine, forte et libre. »* À l'université de Toulouse où elle étudie la psychologie, elle s'intéresse au syndicalisme et devient vice-présidente de l'Union nationale des étudiants de France (UNEF). Un peu plus tard, quand l'entreprise de conseil Centre de productivité de Toulouse vient présenter ses activités à la fac et offre des stages à des étudiants *« entendez aux étudiants garçons ! »*, elle se propose *« à la stupéfaction générale »*. À l'issue du stage, sa voie est tracée. Elle sera consultante. *« C'étaient les tout débuts du conseil. J'en voulais. »* Et elle travaille *« deux fois plus qu'un homme. »* Puis elle part étudier à la *Business School Executive Program* de l'université de Columbia, tout en évitant de dire qu'elle a suivi des études de psychologie. *« Dans les années 80, ce n'était pas tendance. »*

Entourée d'hommes

Longtemps, elle est la seule femme dans des univers masculins. Loin d'être un handicap,

29

c'était un avantage. « *On m'acceptait et on me trouvait rigolote tant qu'il n'y avait pas d'enjeu de pouvoir.* » Mais elle a évolué au sein des réseaux de pouvoir. Et quand l'Institut de leadership dont elle assure la vice-présidence est vendu à Ernst & Young, elle est la seule femme dans le comité de direction. Elle devient *ipso facto* partenaire associée. « *Ces voies de détour ne m'ont pas évité tous les conflits, mais la compétition frontale.* » Autre avantage, son mari, qui dirige un service hospitalier, l'a toujours soutenue. « *La complicité familiale, les moyens matériels d'organiser la maisonnée sont majeurs. J'en ai bénéficié. Ma famille est toujours restée à Toulouse. J'ai pris des avions aux aurores, je suis rentrée tard, ou restée des jours et des nuits seule à travailler à Paris. J'ai investi professionnellement un maximum et je ne le regrette pas. Mais il n'y a jamais eu de bavures. Le mari est resté, les enfants sont équilibrés, donc pas de mea-culpa. Ce n'est pas toujours le cas.* »

Avoir et garder une expertise

Gabrielle Rolland manage des équipes importantes mais conserve son métier d'expert, en direct avec les clients. « *Avoir et garder une expertise, m'a toujours paru essentiel.* » Elle aime travailler avec les femmes. « *J'ai recruté beaucoup de femmes, plus volontiers que les hommes car elles sont très attentives aux autres et plus exigeantes aussi.* » Selon elle, les femmes ne managent pas comme les hommes et ont un style particulier. « *Elles sont entrées bien après les hommes dans l'entreprise et elles ont une autre vue, à la fois sur l'organisation et sur le pouvoir qu'elles exercent autrement. Elles n'aiment pas les rituels. Elles disent les choses « net et clair » et parfois le payent. Elles sont solidaires entre elles, contrairement à tout ce qu'on raconte. C'est la fin de l'envie de rester la seule femme et c'est une grande force. »* Mais regrette-t-elle, les jeunes générations veulent tout, tout de suite : *« Un équilibre de vie, la reconnaissance. C'est difficile, voire impossible. Et les grandes organisations laminent les énergies. »*

CV

65 ans.
Diplômée de psychologie sociale (Toulouse) et *Executive program* de l'université de Columbia de New York.

Elle a été secrétaire générale du Centre de productivité de Toulouse. Elle a créé l'Institut national de marketing à l'Institut français de gestion puis a dirigé l'IFG international qui organise des partenariats avec des universités étrangères. Elle a été successivement vice-présidente de l'Institut européen du leadership, associée chez Ernst & Young, directrice de la communication de Cap Gemini France.

Elle est aussi l'auteur de nombreux ouvrages : *Le temps des leaders* (Éditions d'Organisation,1986) ; *Les femmes marchent au super* (J.-C. Lattès, 1988) ; *Si votre patron est une femme* (Publi-union, 1989) ; *Le temps du succès* (J.-C. Lattès, 1991) ; *Seront-elles au rendez-vous ?* (Flammarion, 1993) ; *Où sont les leaders ?* (Éditions d'Organisation, 2005).

◯ Claire associe business et passions

Claire Breuvart est PDG de la Régie européenne de cinéma, et fondatrice du Forum international cinéma et littérature à Monaco.

« À nous de montrer qu'une femme peut faire le même travail qu'un homme. »

Claire Breuvart considère la vie comme une immense aventure, *« surtout comme une aventure humaine : créer sa vie, en faire une œuvre »*. Son itinéraire l'atteste. Après son bac philo et des études au conservatoire d'art dramatique de Lyon, elle se lance dans les relations publiques, puis crée la Régie européenne de cinéma, chargée d'aider des marques à s'implanter dans des films. Au départ, une des motivations de cette jolie femme de monter son entreprise est de ne plus subir les avances de ses patrons… Ce qu'elle explique dans une formule plus subtile : *« Les hommes au pouvoir essaient de tirer avantage de leur prépondérance. C'était très difficile quand j'ai démarré. Il leur paraissait logique que le reste suive… »* Mais ce n'est pas la seule raison : *« J'ai toujours voulu être indépendante. Si on travaille deux fois plus pour peu de rémunération les premières années, on conquiert la liberté. Je préfère gagner moins d'argent que ne pas avoir cette liberté. Cela m'a aussi permis de travailler chez moi et de voir davantage ma fille. »* Même si elle précise au passage qu'elle n'aurait pas renoncé à sa carrière pour son enfant : *« Mieux vaut être qualitativement là que quantitativement. Quand on a pris l'habitude des affaires, les enfants ne sont pas suffisants. Ceci dit les femmes ne sont pas toujours prêtes à partager le pouvoir d'être mère, la relation fusionnelle avec leurs enfants. Il faut leur apprendre à partager cette relation. »*

Ce qui l'intéresse avant tout dans le *« product placement »* c'est l'aspect création. Elle se consacre désormais à deux gros clients : Mercedes-Benz et Philip Morris. Et en 1997, cette Parisienne rencontre son futur époux qui habite Monaco. Elle fait les allers-retours car elle préfère garder son entreprise à Paris.

Une vision panoramique

Amoureuse des belles-lettres et du 7ᵉ art, elle crée, avec lui, en 2001, le Forum international cinéma et littérature à Monaco pour mettre ses deux passions en commun et se rapprocher de son homme… *« C'est une idée que j'avais depuis quinze ans et qui n'existait pas. Cette aventure est devenue un business avec le marché de l'adaptation littéraire qui met en relation des éditeurs et des producteurs : marché unique au monde. Des responsables de studios américains ont ainsi pu découvrir la littérature et la BD européennes et des contrats d'adaptation ont été signés. Nous lancerons bientôt le marché du remake qui est totalement inédit. »*

Côté management, Claire Breuvart *« délègue beaucoup tout en gardant une vision panoramique de tous les postes »*, n'a pas le sens de la hiérarchie, aime *« la convivialité, l'efficacité, le côté humain, une ambiance chaleureuse. »* Elle apprécie aussi le pouvoir, *« surtout celui de créer. C'est très grisant de construire quelque chose. Je ne pense pas avoir besoin de plus de pouvoir que je n'en ai. Je suis allée au bout de mes envies. »*

Une équipe de filles

Elle n'a que des filles dans son équipe mais elle précise que c'est « *un hasard* », tout en ajoutant : « *Je trouve qu'elles sont plus faciles : il n'y a pas de lutte de pouvoir. Les hommes veulent souvent diriger même s'ils n'ont pas les compétences, juste parce qu'ils sont des hommes... »* Si elle confie que c'est plus facile pour les femmes aujourd'hui, « *elles sont plus généralement reconnues qu'à mon époque et on ne rigole plus quand on voit une femme arriver à une réunion de business »*, elle estime que ce n'est pas encore gagné : « *On ne nous fait pas crédit à l'avance. Il faut toujours prouver deux fois plus. »*

CV

59 ans.

Début de carrière comme relations publiques et presse de Moët et Chandon et directrice des relations publiques et presse du groupe Philip Morris France. Puis création de la Régie européenne de cinéma en 1990, présidente du Club Espace Cinéma Philip Morris et conseil cinéma du groupe Daimler-Chrysler France. En 2001, création du Forum international cinéma et littérature à Monaco.

4. L'humain d'abord

> *« Les entreprises mourront peu à peu, ainsi que les profits qu'on en escomptait, si l'on oublie qu'elles sont avant tout des aventures collectives, des communautés d'hommes et de femmes qui y jouent une partie de leur vie, une partie de leur dignité, une partie de leur développement personnel, et de leur relation à l'autre. Il ne faut pas oublier que les entreprises sont extrêmement fragiles, car c'est la seule forme sociale soumise à la concurrence du monde. »*
> Hervé Sérieyx[1]

Porteuses de vie, les femmes s'intéressent spontanément aux gens. Dans la vie courante d'abord, où elles passent leur temps à créer et entretenir des liens entre les uns et les autres, dans la famille et la société ; dans l'entreprise ensuite qui leur apparaît avant tout comme un groupe d'hommes et de femmes, une communauté de travail, et pas uniquement comme un centre de profit. Réalité qu'on a un peu oubliée sous la pression des impératifs financiers et de productivité, et avec le développement du *« management Kleenex »* qui gère les ressources humaines comme des *« variables d'ajustement »*, en dépit de toutes les déclarations sur l'importance des RH ou du capital humain. Pour la majorité des femmes, les ressources humaines sont les richesses les plus précieuses de

---

1. *Comment gérer collectif*, Éditions d'Organisation, 2005.

l'entreprise : « *L'humain n'est pas seulement un capital, il est réellement capital* » déclare Laurence Baranski[1]. Elles en prennent donc soin.

Les problèmes, qu'ils soient d'ordre privé ou professionnel, l'état d'esprit de ceux et celles qu'elles côtoient, intéressent les dirigeantes. Elles demandent volontiers des nouvelles de la famille, du petit dernier, de la santé de la vieille mère. Elles peuvent évoquer leurs difficultés ou des événements personnels heureux. Ce qui rend le milieu de travail plus vivant, plus humain.

Les hommes ont vécu et entretenu une séparation radicale entre leur vie professionnelle et leur vie personnelle ; entre « *l'intérieur* » et « *l'extérieur* ». Le « *rôle* » qu'il fallait assumer dans le travail ne les autorisait pas à les faire communiquer.

Les femmes, dont la plupart des dirigeantes, n'élèvent pas ou peu de cloisons entre leurs différentes existences. « *L'entreprise est un lieu de vie. On ne peut la couper du reste du monde. C'est un lieu de lien social.* »[2] Les responsables tissent en particulier des liens avec leurs équipes. Ce n'est pas de

---

1. Consultante, auteure de *Le manager éclairé*, Éditions d'Organisation, 2005.
2. Louise Guerre, PDG de Serda, société spécialisée en archivage électronique, première femme présidente du Centre des Jeunes Dirigeants.

l'opportunisme, elles en ont besoin. Besoin de travailler dans la confiance, de compter sur leurs troupes, *« de se sentir confortable avec les autres »* comme le souligne Carol Bellamy[1] qui ne passe pourtant pas pour une tendre. Elles ne souhaitent pas être en état d'alerte sur tous les fronts et préfèrent créer des rapports de coopération plutôt que de subordination. Il peut en résulter des effets pervers que signale notamment Élisabeth Laville : *« À partir du moment où il y a beaucoup de femmes, le risque est d'entretenir des rapports qui deviennent trop affectifs. »* De nombreuses dirigeantes décrivent les limites du management maternant. Elles sont parfois obligées de préciser à ceux de leurs collaborateurs tentés de prendre trop de libertés dans leurs rapports avec elles qu'elles ne sont pas leur mère.

Changement d'ambiance

Proches de leurs équipes, *« elles les écoutent et font corps avec elles »* confie Isabelle Finkelstein, directrice de la communication et du marketing de Médecins du Monde. Elles essaient de ménager un environnement convivial. *« Mon souci est que les gens viennent volontiers travailler »*, indique Véronique Desjardins[2]. Et Margaret Milan[3] de déclarer : *« J'ai essayé de créer une*

---

1. Directrice exécutive de L'Unicef.
2. Directrice de l'hôpital Brelonneau.
3. Fondatrice d'Éveil et Jeux, présidente du réseau européen PWN.

entreprise dans laquelle tout le monde serait heureux de travailler. »

Dès qu'il y a des femmes dans une équipe, l'ambiance change. Christine Bénard, directrice générale de Valéo Systèmes Thermiques SAS, dirige 1 500 personnes. Son environnement masculin témoigne que sa présence a modifié l'ambiance des réunions et a introduit en particulier *« plus de respect dans les relations »*.

Laure Veyradier, jeune ingénieur, a été chef d'une plate-forme pétrolière du groupe Total au Congo. Elle faisait des rotations avec un collègue de l'autre sexe. L'équipe, exclusivement masculine qu'elle dirigeait, a pu comparer leurs comportements. Son approche de la sécurité en cas d'incident était : *« Les hommes d'abord (au lieu du pétrole d'abord). »* Quand elle est partie, ses hommes l'ont remerciée et lui ont dit : *« Vous vous êtes occupée de nous. »*

Attirées par les autres et très attentives à leurs réactions, elles les perçoivent avec leurs différentes facettes, ce qui leur donne une grande force pour les faire adhérer à leurs projets, pour en tirer le meilleur. L'influence n'est jamais que la capacité d'interagir avec les autres. Elles n'oublient pas que l'objectif de l'entreprise est de faire du profit, mais savent que l'humain est essentiel pour son succès, ses résultats. *« Le personnel »*, *« les ressources humaines »*, *« les effectifs »* ne sont pas des entités abstraites, des *« MU »*, comme on désignait il n'y a pas si longtemps encore les *« moyens humains »* dans certaines administrations. Pour elles, ce sont des individualités qui donnent le meilleur d'elles-mêmes dans un climat favorable.

« Quelqu'un qui a des résultats médiocres dans un poste qui ne lui convient pas, peut se transformer si on lui donne une chance de trouver une nouvelle voie », remarque Laurence Danon, qui pratique une gestion de carrière individualisée avec ses équipes et précise que *« c'est particulièrement important pour les femmes »*.

Les femmes s'investissent dans le développement de leurs équipes. Pour Dominique Reiniche[1] : *« C'est à partir de l'action, sur le terrain, qu'on peut aider les gens à identifier systématiquement leurs points forts et à tirer parti de leurs échecs, dans le dialogue et l'explication pédagogique. »* Apprendre aux autres est incontestablement une démarche familière des femmes, elles en ont l'habitude et la manière. *« Elles savent être franches sans être humiliantes »*, constate Christine Lagarde. *« Elles renvoient facilement des feed-back positifs, elles sont encourageantes. »* On sait bien que l'encouragement, la reconnaissance sont essentiels pour tirer le meilleur parti des

---

1. Présidente Groupe Europe de The Coca-Cola Company.

humains. Les femmes en ont davantage besoin que les hommes car elles manquent souvent de confiance en elles. Les chasseurs de têtes disent tous que, quand ils proposent des postes à des femmes, elles commencent par exprimer des doutes sur leurs capacités. Sophia Belghiti-Mahut a réuni plusieurs enquêtes[1] sur le sujet qui confirment que les femmes ont besoin d'encouragement pour faire carrière. Par contre, quand elles y sont arrivées, elles manifestent enfin de l'estime de soi.

Ce qui se joue dans une entreprise

« Qu'il y ait plus de coopération, d'échanges mutuels et d'association que de concurrence et de compétition, la grande majorité des individus ne s'en plaindrait pas, l'individu se structure dans la relation. »[2]

Si, comme des voix autorisées ne cessent de le répéter, *« la croissance économique a comme moteur essentiel les RH »*, selon la formule de Serge Blanchard[3], investir dans l'humain assure des retours fructueux à l'entreprise. Catherine Blondel, normalienne, coach de dirigeants, précise : *« Une entreprise n'est pas une boîte noire, c'est d'un seul tenant une affaire psychologique, une affaire sociale et une affaire économique. Si on ne*

---

1. *Revue française de gestion* n° 151-2004.
2. Roger Sue, *La société contre elle-même*, Transversales/Fayard, 2005.
3. Serge Blanchard, *Quand les RH construisent la croissance*, Éditions d'Organisation, 2005.

prend pas en compte ces trois dimensions et la manière dont elles s'articulent, se répondent et entrent en conflit, on ne peut comprendre ce qui se passe. Surtout, on ne peut pas comprendre ce que vivent les gens qui y travaillent, ni, chemin faisant, ce qui se joue là pour eux. »

Désormais, un leader efficace ne sera plus un chef qui commande mais *« quelqu'un qui assoit son autorité en la mettant au service des autres »*[1]. Pour Albert Jacquard, généticien, *« le bonheur dans et hors de l'entreprise est proportionnel à l'intensité des liens créés »*. On devrait mieux vivre ensemble sous la houlette des femmes.

◯ Maria refuse l'oppression

Maria Nowak est présidente de l'Association pour le droit à l'initiative économique (Adie).

« Les femmes remboursent mieux les crédits. »

« J'ai connu à peu près toutes les horreurs de la guerre. De familles d'accueil en hospices, je suis arrivée en France à onze ans, ne parlant pas la langue, déscolarisée. J'ai été définitivement vaccinée contre l'oppression et ne me suis jamais posé la question de savoir si c'était un handicap d'être une femme pour entreprendre. »

---

1. Ken Blanchard, *Comment développer son leadership ?*, Éditions d'Organisation, 2005.

Sans doute, et c'est ce que le neuropsychiatre Boris Cyrulnik décrit comme des comportements de résilience, n'avait-elle plus peur de rien.

Sa vocation est l'engagement dans le développement, la solidarité avec les plus démunis. « *Je le voulais. J'en avais un besoin absolu.* » À vingt-deux ans, préparant une thèse d'économie, elle part pour l'Afrique et passe un an, seule, dans un village de Guinée. « *Cela en a surpris plus d'un, mais ne m'a pas freinée.* » Pour autant, la Caisse centrale de coopération, qui la recrute à la fin de ses études, refuse de l'envoyer en Afrique, considérant que les femmes n'y ont pas leur place. Elle obtient un détachement au ministère d'Outre-mer de l'époque. Et dirige au Niger une équipe de statisticiens. « *Je n'ai pas eu de problèmes pour manager une équipe d'Africains. Le fait que j'étais Européenne primait sur celui que j'étais femme.* » Directrice des politiques et recherches à l'Agence française de développement (l'ancienne CCCE), elle transfère l'approche de la Grameen Bank première banque de micro-crédit en Afrique de l'Ouest dans les années 80. Détachée à la Banque mondiale dans les années 90, elle met en place des programmes de micro-crédit en Europe centrale. En 1988, elle crée l'Association pour le droit à l'initiative économique (Adie) qui finance et accompagne les chômeurs et les allocataires du RMI n'ayant pas accès au crédit bancaire et voulant monter leur entreprise. Depuis sa naissance, l'Adie a contribué à créer plus 30 000 entreprises et 36 000 emplois.

La cohérence est dans le projet

L'Adie emploie 300 permanents sur l'ensemble de la France – essentiellement des diplômés d'écoles de commerce – avec un âge moyen de vingt-huit ans. Certains sont là depuis longtemps. D'autres partent après 3-4 ans travailler dans des banques *« normales »*. Plusieurs d'entre eux reviennent. *« Évidemment, ils gagnent moins ici. Mais ils trouvent un sens à leur travail. Pas besoin de rédiger une charte de valeurs pour créer de la cohérence entre ce à quoi l'on croit et ce que l'on fait. La cohérence est dans le projet. »* L'action de l'Adie est soutenue aussi par 800 bénévoles qui accompagnent les créateurs dans leurs démarches et leur démarrage. L'organisation est décentralisée en territoires qui ont chacun un responsable et un comité de crédit. Les permanents sont relativement autonomes. *« Ils ont souvent des problèmes d'isolement et nous essayons de les soutenir. Ils instruisent les demandes de prêt, accompagnent les créateurs, négocient avec les financeurs. C'est parfois très dur. Un tiers de nos créateurs sont illettrés. C'est peut-être encore plus dur pour les jeunes femmes. »*

Les femmes s'accrochent plus et remboursent mieux

L'Adie compte autant de femmes que d'hommes. Et si le directeur général est un homme, la direction financière, la direction des ressources humaines et la direction de la communication sont assurées par des femmes. Mais Maria Nowak trouve plus simple de manager des hommes. *« Les femmes ont peur de ne pas bien faire et veulent tout très bien faire. »* Son obsession actuelle : trouver de l'argent. *« L'État se désengage, comme il le fait de toutes les associations, et les collectivités locales n'ont pas récupéré les budgets correspondant à leurs nouvelles responsabilités. »* Ce sont les banques mutualistes et BNP-Paribas qui assurent des lignes de crédit. Les prêts sont modestes, soit 5 000 euros maximum. *« L'idée du micro-crédit est de prêter peu, sur une courte durée et de permettre à terme que l'organisme de prêt puisse couvrir ses coûts de gestion. À ce niveau-là, même si le taux est cher, cela compte peu pour le client en termes de remboursement. L'important est qu'il ait accès au crédit. Par contre, nous avons besoin de subventions pour financer les coûts d'accompagnement. »* Parmi les créateurs d'entreprises, – environ 6 000 prêts par an pour 30 à 40 000 dossiers – on compte un tiers de femmes. *« Elles mettent plus longtemps à se décider, mais s'accrochent davantage et remboursent mieux. »*

CV

70 ans.
IEP Paris et *London School of Economics*.

Elle a débuté sa carrière à l'Agence française de développement (ex-Caisse centrale de coopération économique) puis a été détachée auprès de différentes sociétés de développement et de la Banque mondiale (1991 à 1998). Elle crée l'Association pour le droit à l'initiative économique (Adie) en

1988 dont elle est la présidente à titre bénévole. Elle a été conseillère de Laurent Fabius (2000 à 2002) quand il était ministre des Finances.

◯ Martine croit en la valeur humaine de l'entreprise

Martine Balouka est directrice générale Tourisme Pierre & Vacances, Maeva, Orion, MGM.

« Le profit, mais pas à n'importe quel prix. »

Seule femme du tourisme à diriger 5 000 personnes en France, Martine Balouka confie avoir fait carrière dans ce secteur par hasard, sans stratégie pour accéder au pouvoir. *« J'ai débuté en 1978, à une époque où le tourisme était très peu valorisé et n'attirait pas les diplômés des grandes écoles. »* Elle débute avec des postes de commerciale et grimpe les échelons très vite. *« L'hôtellerie est un monde d'hommes mais les femmes sont acceptées dans des fonctions de commerciales car elles présentent bien… »* Après avoir été successivement directrice commerciale de l'hôtel Méridien Paris et vice-présidente marketing et ventes Europe Méridien, elle démissionne pour créer sa société de consultants spécialisés dans le tourisme. *« J'avais fait le tour de mon poste et je voulais savoir ce que je valais sans une enseigne au-dessus de ma tête. J'ai renoncé à un certain pouvoir pour me prouver ce que je pouvais faire toute seule. »* Six ans plus tard, son entreprise,

Axe Consultants, a une bonne progression. Elle la vend à KPMG consulting et devient *partner* de ce cabinet pendant cinq ans. C'est au terme d'une longue mission pour Pierre & Vacances que son président lui propose le poste de Directrice Générale du groupe. *« J'étais attirée par le challenge : après une fusion, il fallait fabriquer une nouvelle société. »*

J'ai pris des décisions difficiles, sans regret

Pas de plan de carrière donc mais *« une suite d'opportunités qui m'ont amenée au pouvoir. Aujourd'hui, j'en ai suffisamment. Je ne veux pas être présidente. Directrice générale, c'est très bien ! »*. Quand elle quitte une entreprise, c'est toujours pour le même motif : l'ennui. Mais jamais avant d'avoir achevé sa mission, avec le goût du travail bien fait. *« J'ai régulièrement eu des propositions professionnelles importantes que j'ai refusées tant que je n'avais pas achevé ma mission. »* Une femme qui ne renonce jamais à ses valeurs. *« Quand on m'a proposé mon poste actuel, je savais qu'il allait y avoir un plan de mobilité fonctionnel et géographique. J'ai accepté le poste car j'avais eu l'assurance que l'on ferait les choses correctement : on a proposé des postes de mobilité et en cas de refus, un cabinet d'outplacement se chargeait de trouver un emploi. 80 % des personnes ont été replacées. Le profit, oui, mais pas à n'importe quel prix. Je suis contre la démarche américaine « marche ou crève ». Si les valeurs humaines ne sont pas respectées dans une entreprise, je n'y travaillerai pas. Je sers l'entreprise mais je respecte et j'aime les gens qui y travaillent. Pour diriger, il faut aimer les gens sinon on les dirige mal.* » Par contre, elle n'hésite pas à licencier si elle juge qu'une personne est nocive à la boîte. « *J'ai pris des décisions difficiles mais sans regret.* »

Martine Balouka se définit tout à la fois comme une patronne directive, dure, honnête, loyale, qui sait ce qu'elle veut, à qui il ne faut pas raconter d'histoires, à l'écoute. Et qui n'hésite pas à prendre des risques « *car je n'ai pas peur de perdre* ». Selon elle, le management au féminin se caractérise essentiellement par une aptitude opérationnelle. « *Un homme établira des stratégies mais n'ira pas vérifier sur le terrain qu'elles sont bien appliquées. J'ai toujours défini des stratégies et vérifié si les équipes savaient les appliquer.* » Autres différences : les femmes sont « *plus pragmatiques, plus à l'écoute, plus attentives. En général, elles sont plus à l'aise que les hommes* ». Mais elles doivent faire face à un stéréotype qui a la dent dure : « *Elle a réussi car elle est la maîtresse du patron.* » Cette jolie brune a toujours voulu garder sa féminité. « *Je suis pour que les femmes restent femmes. Mais on m'a toujours rapporté des propos sexistes à mon endroit. Une femme doit toujours démontrer qu'elle est compétente. Heureusement, cela change aujourd'hui. Les femmes de ma génération ont été des ouvreuses de portes : celles qui ont trente-cinq ans aujourd'hui peuvent être jolies et intelligentes car les mentalités ont changé.* » Même si le tableau est loin d'être parfait : « *Le tourisme reste un secteur très macho.*

> *Les femmes sont chefs de comptoirs, à la réception, gouvernantes d'étages, etc. Et aux postes de direction générale, on trouve essentiellement des hommes. Je pense être une référence pour les femmes. Si j'y suis arrivée, elles peuvent aussi. »*

Je rapportais plus et je gagnais moins

Côté rémunération, elle a été confrontée directement à une injustice : *« Quand je suis partie travailler avec KPMG, j'ai réalisé que les hommes, avec un chiffre d'affaires nettement inférieur à celui que je rapportais à l'entreprise, gagnaient 30 % de plus que moi. Après avoir fait un tour de piste au niveau des* partners, *j'ai vite rétabli les choses. »*

En ce qui concerne son équilibre vie privée, vie professionnelle, elle se dit satisfaite, en particulier parce qu'elle a eu ses deux filles très jeune, à une époque où elle était consultante et pouvait gérer des dossiers à la maison. *« Si j'avais eu des enfants plus tard, je n'aurais pas accepté mon job actuel car je n'aurais jamais vu mes filles. Elles étaient déjà grandes quand j'ai eu des postes à grosses responsabilités. »* Martine Balouka aime se décrire comme une mère *« attentive mais pas possessive »*, qui a une bonne complicité avec ses enfants. Et propose une explication à son incroyable énergie et combativité : *« Je suis juive d'Afrique du Nord. Et dans cette culture, les hommes sont plus importants que les femmes. Ma mère n'a jamais vraiment cru que je pouvais réussir. J'ai voulu lui montrer que j'avais de la valeur. Cela m'a construit. »*

CV

50 ans.
ESCP et Institut national du marketing.

Elle a été successivement directrice des ventes du Grand Metropolitan Hotel, directrice commerciale de l'hôtel Méridien Paris, vice-présidente marketing et ventes Europe Méridien, directrice de l'agence de voyages Facets/La Tour Voyages, gérante d'Axe Consultants (société de consultants spécialisés dans le tourisme), PDG de Horwath Axe Consultants (née de la fusion entre Axe et Horwath), directrice associée chez KPMG Consulting (département tourisme).

5. Jouer collectif

> *« Les entreprises qui réussiront seront celles qui auront l'esprit collectif, dont les membres travailleront ensemble, ce que savent faire les femmes. Elles consultent, elles tiennent compte de l'avis de leur entourage, elles ont l'esprit d'équipe. »*
> Pierre Bellon[1]

Dans la mesure où elles parient sur l'humain, les femmes n'ont pas de mal à jouer collectif. Sans doute aussi parce qu'elles n'ont pas un ego

---

1. Président de Sodhexo.

démesuré et ne se sentent pas obligées d'avoir l'air de réfléchir seules derrière la porte de leur bureau et de décider *« comme un seul homme »*. Pour Carol Bellamy, si les femmes prennent souvent de meilleures décisions que les hommes, c'est justement parce qu'elles demandent leur avis à leurs équipes.

Il en est ainsi de Françoise Jeanson[1] : *« Je crois en la nécessité de stimuler l'intelligence collective. On ne peut pas dire qu'une question soit réglée si on a pris une décision qui n'a pas été discutée avant. »*

Il y a évidemment des hommes qui consultent leurs équipes avant de décider. Ils s'en vantent rarement. Ce n'est pas le cas des dirigeantes qui déclarent volontiers, comme Laurence Danon[2] : *« Je consulte mes collaborateurs, collectivement et individuellement, pour dialoguer. Ensuite, je décide. »*

L'important, c'est l'équipe

De nombreuses dirigeantes n'hésitent pas à s'entourer de personnes qu'elles jugent plus expérimentées et plus compétentes qu'elles, ce qui n'est pas toujours le cas chez leurs homologues masculins qui craignent de se faire doubler ou de perdre le beau rôle. Françoise Jeanson le dit sans

---

1. Présidente de Médecins du Monde.
2. Directrice du Directoire du Printemps.

ambages : « *Je n'ai pas du tout peur de m'entourer de gens plus compétents que moi, au contraire.* » Tout comme Martine Bidegain[1] : « *J'ai toujours essayé de m'entourer de gens plus forts que moi.* »

S'occuper personnellement de ses salariés, les considérer comme des êtres humains, les valoriser est essentiel mais ne suffit pas. Pour que l'entreprise tout entière joue collectif, pour que personne ne soit tenté de faire cavalier seul, pour que chaque individu contribue à l'intérêt général et à la cohérence de l'organisation, il faut l'inciter à travailler avec les autres, « *à faire ensemble* ». Ce n'est pas évident dans des systèmes de gestion où sont plutôt promus la compétition interne, les notations individuelles, les parcours individualisés, l'employabilité et les injonctions du type « *que le meilleur gagne* », « *soyez à vous seul votre propre entreprise.* »

L'information n'est plus l'apanage des chefs

Pour nourrir l'intelligence collective, le partage de l'information est essentiel. « *Il faut dire la vérité. Nous avons traversé une crise sérieuse au moment de la guerre du Golfe. Les affaires étaient en baisse, l'avenir sombre. Mon associé et moi, avons tout mis à plat devant les équipes, sans tricher. Tout le monde a fait des suggestions et tout le monde est resté.* »[2]

---

1. Ancienne DRH de Thomson et directrice déléguée de Air France.
2. Louise Guerre, PDG de SERDA.

51

Détenir l'information a longtemps été un instrument de pouvoir dans les organisations masculines. Il y avait ceux qui « *savaient* » et les autres qui n'étaient pas dignes d'être informés « *parce qu'ils n'auraient pas compris, parce qu'ils auraient eu peur* ».

Bien que désormais toutes les organisations soient abondamment consommatrices des technologies de l'information et de la communication et que chacun soit submergé de messages, l'information « utile » circule toujours aussi mal. De ce point de vue, l'administration reste caricaturale. Agnès Arcier, chef de service à la direction générale des entreprises du ministère de l'Économie et fondatrice de l'association Administration Moderne, dénonce la plaie des non-retours systématiques dans ce milieu et essaie de lutter contre la langue de bois : « *L'information n'est pas un instrument de pouvoir mais une ressource collective. La transformer en connaissance est un élément central de l'avantage concurrentiel de l'entreprise. Le partage de l'information est peu spontané chez les hommes. Si le knowledge management rencontre des difficultés, c'est que son succès se joue peu sur les modes d'organisation mais sur la capacité à convaincre chaque membre du collectif de travail que le partage des connaissances est une nécessité absolue.* »[1]

C'est un domaine où les femmes sont orfèvres, car l'information circule mieux dans un climat

---

1. Agnès Arcier, *Le quotient féminin de l'entreprise*, CPA/Questions de Dirigeants/Village Mondial, 2002.

de dialogue et de confiance où tous les acteurs de l'entreprise sont considérés comme des adultes responsables et peuvent sans crainte de sanction exprimer ce qu'ils pensent ; où chacun peut faire profiter les autres de son expérience dans le cadre d'un projet et d'objectifs clairs. *« À Intel (plus de 40 % de femmes) la culture d'entreprise est forte et la hiérarchie faible. On parle facilement, on encourage les discussions ouvertes, la diversité de points de vue, les "confrontations constructives". Moi qui travaillais auparavant chez Thomson et Philips, je n'avais jamais vu ça »*, explique Bernadette Andrietti, PDG d'Intel France. Cela marche à condition de mettre en œuvre des systèmes qui récompensent la coopération, la mise en commun des expériences. *« Les grilles de recrutement et d'évaluation chez Baker & McKenzie tiennent compte, au-delà des compétences techniques, de la personnalité et en particulier de la capacité à manifester un esprit d'équipe. Les qualités mises en valeur sont : l'aptitude multiculturelle, le partage de l'information, la capacité à trouver des compromis fondés sur un sens avéré de l'écoute »*, commente Christine Lagarde.

Dans une société de l'immatériel et du savoir, où la matière première de l'entreprise est l'information, et sa valeur ajoutée l'intelligence, plutôt que tenter d'additionner les intelligences, il vaut mieux encourager leur synergie, pour les multiplier. Comme le dit André-Yves

Portnoff : « *1 et 1 font plus que 2.* » Et d'ajouter : « *L'efficacité d'une organisation est basée sur la qualité et l'intensité des synergies suscitées entre talents complémentaires et volontés convergentes.* »[1] C'est aussi le pari des entreprises qui essaient de devenir « *apprenantes* » en cultivant les interactions entre apprentissages individuels et collectifs.

◯ Pour Laurence, tout n'est pas joué à trente-cinq ans

Laurence Danon est présidente du directoire du Printemps.

> « *La mixité est une condition de réussite des entreprises dans le futur.* »

Normalienne, agrégée de sciences physiques et diplômée de l'École des mines, Laurence Danon revendique l'indépendance comme moteur. « *Je savais que de bonnes études quand on est une femme aidaient, protégeaient, forçaient le respect. J'ai toujours été très indépendante et les études m'apparaissaient comme une bonne garantie d'indépendance.* » Elle travaille depuis trente ans mais n'a jamais eu de plan de carrière. « *J'ai simplement connu des périodes où des choix se présentaient.* » Au Printemps, le comité de direction qu'elle dirige compte – fait rarissime – 50 % de femmes. Ce n'est pas un

_____

1. André-Yves Portnoff, *Le pari de l'intelligence*, Futuribles/Perspectives, 2004.

hasard. La patronne est convaincue des vertus de la mixité. « *Dans l'industrie, j'ai recruté et promu beaucoup de femmes. Je les ai attirées dans mes équipes. Une entreprise est beaucoup plus riche, créative, s'il y a une parité. Dans une culture unique tout le monde se conforte, se coopte, les profils se ressemblent. La mixité est une condition de réussite des entreprises dans le futur.* » En particulier pour la prise de décision. « *Les décisions sont toujours nourries par une équipe et je trouve souhaitable que cette équipe soit diversifiée, avec des sensibilités et des cultures différentes.* » Laurence Danon travaille donc en équipe, consulte ses collaborateurs, collectivement et individuellement. Ensuite elle décide et assume. Et si quelque chose ne lui plaît pas, elle le dit. « *J'avance à visage découvert, sans accumuler de frustrations.* »

Retenir et motiver les talents

Laurence Danon n'hésite pas à promouvoir ses collaborateurs, hommes et femmes. « *J'essaie de les mettre en avant y compris dans les médias. Ils viennent avec moi ou y vont sans moi, sur des sujets qu'ils ou elles maîtrisent.* » Elle n'hésite pas non plus à pratiquer la gestion de carrière individualisée, qui est, selon elle, encore plus importante pour les femmes. « *Elle permet de retenir et de motiver des talents.* » À condition que l'ensemble de la politique RH rende possible la promotion des femmes (recrutement, formation, avancement). « *Des femmes doivent être présentes à chaque niveau de management pour permettre la promotion ultérieure. Sinon, la source se tarit avant d'atteindre les postes-clés. Au Printemps ces politiques sont en place depuis quelques années et donnent des résultats puisque nous sommes à parité à tous les niveaux.* » Elle aide aussi ses collaboratrices pendant la période critique 30-40 ans. « *Je ne pense absolument pas que professionnellement pour une femme tout soit joué à trente-cinq ans. Il est possible de relâcher les contraintes, de négocier des jobs plus souples et de se relancer à fond ensuite. L'entreprise doit aider les collaboratrices à adapter leur job pendant les périodes critiques pour leur vie de famille.* » Car c'est à cette période que les femmes se marient, font des enfants, sans avoir encore des jobs bien payés qui permettraient de financer la gestion domestique avec nounous et assistances diverses si besoin.

Bien choisir son partenaire

« *Ce problème se résout pour les femmes qui ont des enfants après quarante ans.* » Ou pour celles qui ont des maris aidants. « *Les choses doivent être limpides en couple. Quand je me suis mariée, il était établi que je travaillerais. Donc le deal était clair et n'a jamais été remis en question. Le rôle, l'attitude, l'engagement du conjoint sont majeurs.* » En résumé, il faut bien choisir son entreprise mais aussi son mari… Laurence Danon n'a jamais regretté d'avoir promu des femmes qui, d'après elle, se distinguent par leur courage et leur franchise. « *Elles se battent pour leurs convictions et sont moins prêtes à avaler des couleuvres que les hommes. Moins obsédées par leur évolution professionnelle, elles sont aussi moins soumises à la pression financière. Sauf si elles sont seules pour élever leurs enfants. Dans ce cas, elles font comme les hommes. »* Les femmes ne révolutionnent pas pour autant les codes de l'entreprise. *« Elles doivent apprendre les codes. C'est ce que j'ai fait. Car on pénètre dans des assemblées d'hommes dont on ne parle pas la langue, au démarrage. C'est moins difficile pour les femmes de ma génération et celles en dessous que pour les pionnières. »*

Le plafond de verre se déplace vers le haut

Laurence Danon est optimiste car le *« plafond de verre »* a été déplacé vers le haut au cours des dix dernières années. *« Il se situe aujourd'hui au niveau des comités de direction générale. Le dernier pas reste à franchir. Ça viendra car la nouvelle génération de 30-40 ans commence à se mettre en place. Il faut encore un peu de temps. »* Elle croit aussi à l'utilité des réseaux pour faire disparaître le plafond de verre. *« Les femmes jeunes sont plus solidaires entre elles. Elles créent des liens et ont envie de se connaître, de se soutenir. »* Et les hommes *« reconnaissent »* de plus en plus volontiers les femmes. *« Néanmoins une grande vigilance reste nécessaire, car, dans ce domaine, si on ne continue pas à avancer, on reculera. »*

CV

49 ans.
École normale supérieure, agrégation de sciences physiques et École des mines.

Elle a débuté sa carrière en 1984 dans la haute fonction publique puis au ministère de l'Industrie.

En 1989, elle rejoint le groupe Elf et en 1996, y dirige la branche adhésifs, devenue Bostok-Findley (filiale de Total Fina Elf).Elle est membre du comité exécutif de PPR.

◯ Élisabeth ou l'utopie comme réalité

Élisabeth Laville est fondatrice et directrice de l'agence Utopies.

« J'ai fait ça pour moi. »

« Je ne me voyais pas continuer à travailler huit à dix heures par jour sur des dossiers qui n'avaient pas de sens pour moi. » Après six ans dans la publicité, Élisabeth Laville fonde l'agence Utopies, à l'origine sous forme d'association dont l'objet est de promouvoir les principes de développement durable auprès des entreprises : conseil, veille stratégique, recherche et publications, conférences et formation. En 2004, elle récidive en cofondant Graines de Changement, agence d'informations positives sur le développement durable. Elle dit ne pas avoir eu conscience de prendre des risques car ses diplômes la protégeaient si cela ne marchait pas. Et sur le plan financier, elle a adapté ses besoins à ses ressources. *« J'ai créé mon job pour moi. Travailler pour des choses auxquelles on croit donne de l'énergie. D'une façon générale, les femmes veulent le pouvoir pour faire des choses, pas pour avoir un statut, ni pour se faire bien voir du PDG. »* Elle-même, on

l'apprend par son équipe, a refusé la direction d'une agence prestigieuse d'un programme des Nations unies pour continuer à se consacrer à son entreprise. Stanislas Dupré, manager chez Utopies, confirme qu'ils reçoivent essentiellement des candidatures surtout féminines, qui cherchent des projets intéressants préalablement à une carrière. « *Il y a plus de femmes dans ce domaine, non seulement parce que le sujet les attire mais aussi parce qu'elles ont souvent moins de pression financière ou de plan de carrière que les hommes.* »

Les entreprises viennent chercher des idées

Mais les temps changent. Maintenant que le développement durable et les agences de notation sociale commencent à être plus crédibles et à bien marcher, on voit arriver des hommes. Utopies est une petite équipe d'une quinzaine de personnes, avec un âge moyen de vingt-sept ans. « *Utopies marche bien. Chacun est très motivé et a choisi ce secteur en connaissance de cause. Compte tenu de notre type de travail, tous les membres de l'équipe sont en contact direct avec des comités de direction d'entreprise, bien qu'ils soient très jeunes.* » Les entreprises viennent chercher des points de vue à Utopies, des idées pour s'engager et améliorer leurs stratégies en matière de développement durable et de responsabilité sociale. « *Nos consultants se sentent très responsabilisés. Parfois trop. Et il faut bien dire que nous sommes tous très débordés. Donc ils sont autonomes.* » Compte tenu de la jeunesse des femmes de l'équipe, il n'y a pas encore de mères de famille. Quand Élisabeth Laville a eu son enfant, elle a délégué des responsabilités managériales aux deux « *anciens* » âgés de trente ans. Et a annoncé à l'équipe qu'elle ne travaillerait plus le week-end.

Des rapports affectifs

Elle gère, avec un manager, les entretiens d'évaluation individuels, « *pour rester dans l'objectivité et la rigueur.* » L'équipe est composée aux deux tiers de femmes. « *Nous entretenons des rapports très affectifs. C'est un peu le danger quand il y a beaucoup de femmes. J'essaye de rééquilibrer la proportion.* » Les femmes ont aussi plus d'imagination. « *Elles ont plus de facilité à penser hors des cadres, et au-delà du boulot.* Pour Élisabeth Laville, outre l'aspect démographique, la montée des valeurs telles que le développement durable, l'éthique, la responsabilité sociale jouent en faveur des femmes. « *Elles pénètrent progressivement dans toutes les fonctions de direction de l'entreprise, ainsi que de plus en plus dans des métiers masculins comme l'architecture, le bâtiment, etc. Il sera difficile d'écarter les femmes, même si, heureusement, il y aussi des hommes qui portent ces valeurs… »*

CV

39 ans.
HEC.

Après six ans dans l'agence de publicité CLM/BBDO, elle fonde en 1993 l'agence Utopies pour promouvoir les principes du développement durable dans les entreprises et en 2004 Graines de Changement, agence d'informations positives sur le développement durable. Professeur à HEC, elle y a créé un enseignement sur la responsabilité sociale et le développement durable.

Auteure de *L'entreprise verte* (Village Mondial, 2005).

6. Virtuoses de la gestion du temps

« Le temps est au cœur de l'égalité. »
Rachel Silvera[1]

Le temps est reconnu comme une ressource stratégique de l'entreprise dont la survie dépend de son agilité et de sa réactivité.

Avant même de mettre un pied dans la vie professionnelle les femmes sont, non par leur sexe mais par la force des choses et des traditions, des virtuoses de la gestion du temps ou plutôt de celle des temps : le leur et celui des autres. Elles gèrent la vie familiale et sociale – éducation, santé, loisirs – leur temps personnel, celui des enfants, des parents âgés, etc. Quand elles y rajoutent une grosse tranche de vie

---

1. In *Femmes, genre et sociétés*, dir. Margaret Maruani, La Découverte, 2005.

professionnelle et qu'elles ont obtenu des postes à deux fois 35 heures par semaine (on n'évoque pas pour elles la question du temps partiel), les dirigeantes sont généralement habitées par un double impératif : harmoniser ces différentes vies et éviter à tout prix dans l'entreprise ce qui consomme inutilement du temps. Autrement dit gérer des temps concurrents et compacter le temps en général. *« Les femmes travaillent plus que les hommes dans la vie. Si on cumule l'entreprise/ maison et l'entreprise tout court, elles doivent être sur tous les fronts. Dommage que l'entreprise familiale repose surtout sur les femmes. »*[1]

« Les femmes sont pour des raisons ancestrales beaucoup plus polychroniques que les hommes, elles sont capables de gérer plusieurs choses à la fois » constate Yseulys Costes, fondatrice et présidente de millemercis.com, site de listes de cadeaux. Elles transportent ce sens du temps dans l'entreprise.

Et Avivah Wittenberg-Cox de suggérer : *« Puisque le monde des entreprises est soumis à la productivité, pourquoi ne mesure-t-on pas (et ne récompense-t-on pas) ceux qui travaillent vite et bien, au lieu de favoriser une culture dont les horaires interminables, les déplacements multiples, les nuits laborieuses sont le signe d'appartenance à la communauté des maniaques de la vitesse. »*

---

1. Mercedes Erra.

Leur temps

Inutile pour une dirigeante de suivre un coûteux séminaire de trois jours sur la gestion du temps pour réaliser que la plupart des réunions durent trop, ne sont pas suffisamment anticipées ni préparées, sont souvent inutiles, mobilisent des gens peu concernés et ne servent qu'à établir l'ordre du jour de la prochaine réunion. Elle sait distinguer l'important de l'urgent. Tita Zeitoun, commissaire aux comptes, fondatrice de Boissière Expertise Audit et de l'association Action de Femmes, raconte comment le fonctionnement du conseil d'administration d'une société a été transformé par la présence d'une femme qui en était devenue présidente. *« Pour la première fois on vit apparaître un ordre du jour, des questions directes et précises, des réunions bouclées en une heure et demie au lieu d'une journée et disparaître les épanchements interminables des uns et des autres. »* Éviter de programmer une réunion le soir est basique et c'est un avantage pour tout le monde. Alors que, comme le constate Karen Guerra, vice-présidente et directrice générale de Colgate-Palmolive France, dans la plupart des sociétés dirigées par des hommes, *« il ne suffit pas de faire le travail : il faut être vu en train de le faire »*. Louise Roy canadienne, consultante internationale se déclare très agacée quand ses collaborateurs se sentent obligés de rester ostensiblement au bureau lorsqu'elle-même a décidé de s'attarder pour boucler un dossier. Les responsables femmes ne cultivent pas le présentéisme. Elles regardent si le travail est fait ou pas.

Les femmes délèguent. Spontanément, parce qu'elles connaissent leurs collaborateurs et font confiance *a priori*, mais aussi parce qu'elles n'ont pas les moyens de faire autrement. En revanche, si leur confiance est trahie, si elles s'aperçoivent qu'on leur raconte des histoires, elles sont assez redoutables. *« Chacun a des responsabilités et une grande autonomie ici, mais je ne supporte pas le mensonge et si quelqu'un triche, me raconte qu'un dossier avance alors que c'est faux, je suis impitoyable »*, confirme Louise Guerre.

Le temps des autres

En contrepartie, elles s'investissent personnellement pour s'assurer que leurs équipes connaissent leurs objectifs, y adhèrent, savent comment y parvenir, disposent des moyens de leur autonomie. Lorsque Catherine Spinola dirigeait l'agence Val-de-Marne de France Télécom (500 personnes, un million de clients), elle s'efforçait en priorité de clarifier pour tous la stratégie du groupe et de débattre des orientations et des objectifs de vente. *« Dans les réunions d'équipe je voulais donner du sens, montrer à chacun que les objectifs proposés ne tombaient pas du ciel comme la misère sur le pauvre monde. Ensuite, ils étaient responsables de leurs actions. C'est un système de management qui demande beaucoup de rigueur. »* Il ne s'agit pas non plus de lâcher ses collaborateurs dans la nature puis de récompenser ou de sévir. *« Je me situe plus en soutien, chaque fois que c'est nécessaire, qu'en contrôle »*, précise Françoise Jeanson[1]. Elle continue à exercer son métier de médecin hospitalier en province et n'est qu'une partie du temps au siège de l'association à Paris.

Dans leur souci constant d'efficacité et de rapidité, et parce qu'elles ne sont pas obnubilées par les rites hiérarchiques, les femmes s'adressent souvent aux personnes directement concernées par un dossier sans passer par les différents niveaux intermédiaires, ce qui peut leur être reproché. *« Les hommes me disent qu'ils apprécient peu que je travaille en direct avec leurs équipes, ils ont peur de perdre leur autorité. »*[2]

Elles connaissent, pour les avoir vécues et les vivre encore, les galères qu'on traverse quand on jongle avec plusieurs vies. Beaucoup avouent que leur vie est plus facile depuis qu'elles sont vraiment *« chefs »* parce qu'elles ont les salaires qui leur permettent de rémunérer des nounous, des employés de maison, des professeurs particuliers. *« L'acquisition de responsabilités croissantes*

---

1. Présidente de Médecins sans frontières.
2. Marie-Christine Levet, présidente de T-online France/Club-Internet.

correspond à une recherche de plus grande liberté. On gagne suffisamment pour acheter des solutions, et on a de plus en plus de satisfactions et d'autonomie professionnelle. Mes enfants sont fiers de moi. »[1]. Les femmes sont des adeptes du télétravail pour elles et pour leurs collaborateurs. *« Avec le télétravail nous avons réorganisé le travail. Nous avons mis en place des réunions régulières et on mesure moins le temps de présence. Tout le monde y trouve son compte. Moi-même je pars suffisamment tôt du bureau pour dîner en famille et si j'ai du travail, je m'y remets après le dîner. Les employés apprécient beaucoup. Il y a un très faible turn over dans l'entreprise. »*[2]

Contracter les horaires n'est pas facile dans les entreprises de service. Margaret Milan a dû abandonner son rêve de permettre aux femmes d'être chez elles à 16 h 30, alors que les clients continuaient d'appeler au bureau. Mais elle a réussi une certaine flexibilité : *« Cela n'a jamais posé un problème qu'une femme rentre tôt chez elle pour s'occuper de son enfant malade. »* Il faut dire que tous les acheteurs d'Éveil & Jeux sont équipés d'un téléphone mobile et d'un ordinateur portable et peuvent rester en contact en cas d'urgence.

---

1. Laurence Monnier-Verdier, DRH de Manpower.
2. Bernadette Andrietti, directrice générale d'Intel France.

Christine Lagarde constate que dans la profession d'avocat, compte tenu de la disponibilité exigée par les clients, « *l'aménagement du temps de travail reste une douce plaisanterie* » malgré les efforts qu'elle a pu faire.

L'âge de tous les dangers

Concernant les phases dites « *critiques* » de grossesse et d'enfants en bas âge, Chantal Baudron propose des aménagements d'horaires aux consultantes de son cabinet de recrutement. Laurence Danon aide ses collaboratrices « *à potentiel* », à ralentir, à ces occasions, le rythme de leur parcours professionnel, les incite à accepter des jobs plus souples pendant ces périodes, pour se relancer ensuite à fond. Avivah Wittenberg-Cox se bat contre le diktat « *tout se joue avant trente-cinq ans* » qui a notamment comme conséquence de faire des enfants de plus en plus tard : « *La trentaine devrait être une période de consolidation, d'approfondissement des connaissances et de l'expérience. À la quarantaine, les femmes sont en pleine possession de leurs moyens, elles ont mis au monde et donné l'essentiel à leurs enfants et peuvent s'investir pleinement dans leur carrière, si elles le souhaitent.* » D'autant plus que la vie professionnelle s'allonge puisque les retraites seront plus tardives.

Souplesse, aménagements nécessaires pendant les années cruciales n'impliquent pas de couper le cordon avec l'entreprise. Au contraire, toutes les dirigeantes recommandent de rester dans le coup et de maintenir le contact avec les équipes quand on s'absente, par exemple, pour un congé de maternité.

◯ Laura gère une équipe/tribu

Laura Serani est directrice des galeries et de la collection photos de la Fnac.

« Je suis incapable de me battre pour un titre. »

Quand Laura Serani intègre la Fnac en 1983 en tant qu'assistante du directeur des galeries photos, l'enseigne compte seulement dix galeries. Aujourd'hui, cette Italienne qui est venue en France *« pour une histoire d'amour »* est à la tête de 107 galeries dans le monde et d'une collection de photos de plus de 3 000 œuvres. Elle a également développé la partie vidéo en créant le magazine *Séquence Fnac* et multiplié les partenariats (en organisant notamment des concours de photos avec le supplément de *Libération, Paris Mômes, Courrier international,...*) *« Quand j'ai été embauchée à la Fnac, j'avais vingt-sept ans. Je n'avais aucune expérience de la vie en entreprise. C'était un milieu d'hommes plus âgés, ayant un bagage intellectuel important. J'ai éprouvé plus de difficultés du fait de ma jeunesse, de mon inexpérience que du fait d'être une femme. J'étais assez intimidée.* » Mais Laura Serani grimpe quand même les échelons rapidement et gagne la confiance de ses supérieurs. « *La Fnac est une entreprise ouverte, qui donne leur chance aux gens qui ont des profils atypiques. J'étais Italienne, j'avais fait des études littéraires et je n'avais eu que des expériences de free-lance à la radio et à la télévision italiennes et dans des maisons d'édition. Mais ce n'était pas gênant dans cette structure originale.* » Ce qui compte c'est de s'investir dans son travail. Et elle est une bosseuse. « *J'ai toujours beaucoup travaillé et avec beaucoup d'enthousiasme.* » Si l'enseigne accepte les profils variés, elle reste classique dans son management et est dirigée par des hommes. « *Une femme peut progresser rapidement mais il y a toujours un moment où elle sera pénalisée pour atteindre les postes de haute responsabilité. Je suis à mon poste depuis longtemps et je n'ai pas bougé. Mon département s'est beaucoup développé mais je n'ai pas eu de promotion interne. Plus on monte, plus il y a d'hommes. Dans le comité de direction de la Fnac, on compte seulement deux femmes. D'une façon générale, les hommes ont le pouvoir et ils le gardent.* »

Piloter à distance

Mère de trois enfants, Laura Serani précise que, enceinte, elle travaillait jusqu'au dernier moment et « *pilotait à distance* » pendant son congé de maternité. Son équilibre avec sa vie privée, elle le trouve se libérant pour les vacances scolaires. Mais, en échange, elle travaille souvent à la maison, le soir et le week-end. « *J'ai essayé de préserver ma vie de famille qui n'est pas incompatible avec une carrière mais demande pas mal d'acrobaties. Par exemple, j'organise mes déplacements professionnels en fonction de l'emploi du temps des enfants. Et j'ai refusé des postes à l'étranger. C'est un choix de vie.* » Le fait d'avoir des enfants ne l'a pas empêchée de travailler plus que les hommes. Elle n'est pas la seule. « *Nous sommes nombreuses à avoir des enfants et à travailler autant, voire plus que les hommes. Je trouve que l'on obtient difficilement les mêmes postes que les hommes à prestations et compétences égales.* » Laura Serani reconnaît qu'elle a toujours été sensible à la reconnaissance de son travail mais n'a jamais rien réclamé ; ni promotions, ni augmentations. « *Si on m'ouvrait la porte à des postes de plus grande responsabilité, j'accepterais.* » De là à le demander…

Les femmes ne savent pas se vendre

Elle constate que, dans l'ensemble, les femmes ne savent pas se vendre et ont moins le sens de la compétition. Moins combatives, elles ne sont pas formatées pour grimper les échelons. « *Autant je peux me battre pour défendre les projets auxquels je crois, autant je suis incapable de me battre pour un titre. Je n'ai jamais eu de plan de carrière. Je suis restée car le travail me plaisait. D'une façon générale, les femmes ont moins besoin de reconnaissance sociale, encore moins d'avoir une cour. Les hommes sont comme des enfants : il leur faut rivaliser, se mesurer sur le terrain de la force, de l'affirmation de soi.* » Autre différence, les femmes sont plus attentives au contenu. « *Elles vont plus au fond et plus loin, aiment construire et sont plus généreuses. Elles ont une façon plus collective de travailler.* » Son équipe compte une majorité de filles mais c'est un hasard. « *Quand elles demandent un temps partiel ou des aménagements d'horaires, je les soutiens. À partir du moment où le travail est fait, cela ne me dérange pas. J'essaie aussi de les faire évoluer et de leur proposer des formations.* »

Une équipe/tribu

Elle essaie de transmettre son enthousiasme à son équipe, faire en sorte qu'elle soit soudée par une vraie entente cordiale. « *L'équipe est un peu une tribu. On reconnaît les siens et on les protège. Je suis assez protectrice.* » Ce qui ne l'empêche pas de savoir se séparer de certaines personnes en cas de nécessité, « *jamais de façon brutale mais en prenant le temps d'affronter ces passages difficiles* ». Elle reconnaît aussi être perfectionniste et autoritaire. « *Je suis perçue comme quelqu'un d'assez centralisateur. Même si je délègue largement le suivi des dossiers, pour les choix artistiques de la programmation, j'ai tendance à travailler en solitaire.* »

CV

50 ans.
Études de lettres modernes et de philosophie à Rome. DEA philosophie et cinéma (Paris VIII).

Laura Serani a réalisé toute sa carrière à la Fnac où elle est directrice de la photographie, de l'audiovisuel et de la collection de photos depuis 1985. Elle est également commissaire d'expositions.

◯ Agnès, contre le plafond de béton de l'administration

Agnès Arcier est fondatrice de l'association Administration Moderne.

> *« L'administration n'est pas ouverte à la diversité qu'apportent les femmes. »*

Convaincue que si des femmes obtiennent des postes au plus haut niveau, elles amélioreront les performances de l'administration, Agnès Arcier a fondé avec quelques collègues l'association Administration Moderne en 1998. Objectif : proposer des réformes concrètes. Prudente, cette chef de service à la direction générale des entreprises du ministère de l'Économie aborde le sujet par le biais de la réflexion managériale. *« Quand on évoque de façon frontale la question des femmes, on sent beaucoup d'agacement car on nous dit que depuis la loi sur la parité, le problème est réglé. D'où l'intérêt d'aborder le sujet de façon indirecte, par les problèmes de management, d'amélioration de la performance. Ça passe mieux. »* Et il y a du travail. *« L'administration est moins touchée par la réflexion managériale que le secteur privé, car il n'y a pas de pression concurrentielle, et la pression politique quant au mode d'organisation est très récente et encore inégalement partagée. La fonction publique a beaucoup de mal à s'inscrire dans une recherche d'innovation et de performance interne. »* Agnès Arcier décrit l'administration comme *« un système pyramidal, traditionnel, qui fonctionne peu en système de projets et qui n'est pas ouvert à la diversité que peuvent apporter les femmes. C'est assez largement culturel »*. Et constate qu'il y a une certaine prise de conscience au plus haut niveau, comme chez les deux Premiers ministres successifs, Lionel Jospin et Jean-Pierre Raffarin, *« convaincus à titre personnel de la nécessité de l'accession des femmes à des postes de direction »*. Mais ces convictions ne sont pas relayées au niveau des ministères. Il lui paraît urgent pour l'administration de réfléchir à des modes de fonctionnement différents. *« Il faut manager moins par arbitrage et plus par consensus au niveau des décisions. »*

Gestion du temps archaïque

Quant à la gestion du temps, elle est très archaïque. *« Les réunions sont organisées n'importe comment et n'importe quand, même tard le soir, sans ordre du jour précis, relevés de conclusions immédiats, etc. La plupart des conseillers techniques n'anticipent pas les commandes à passer aux équipes ; ils sont souvent très jeunes, maîtrisent mal les interactions avec les services. »* La direction du Trésor a mis en place une charte du temps qui a été appliquée six mois puis abandonnée, avec des articles du type « la présence au-delà de 20 heures ne sera pas considérée comme un gage de professionnalisme ». *« D'une façon générale, il y a une difficulté à réformer et une forte inertie liées au mode de fonctionnement cabinet-services qui n'évolue pas dans le bon sens. »* Petit progrès toutefois, le budget de l'État va désormais être évalué en fonction d'objectifs et de résultats. *« C'est un gros chantier et on voit bien qu'il posera un problème tant que les ministères et les cabinets ne s'y tiendront pas eux-mêmes. »*

Les femmes s'éjectent d'elles-mêmes

Dans l'administration, comme dans le privé, plus on monte en grade, moins il y a de femmes. *« Dans l'administration centrale, les problèmes apparaissent à partir du niveau de sous-directeur. Parfois les femmes s'éjectent d'elles-mêmes car les contraintes des métiers leur paraissent trop fortes. »* Souvent elles préfèrent les fonctions des corps d'inspection et de contrôle à des fonctions opérationnelles. Pour Agnès Arcier, c'est peut-être une erreur : *« Quand on exerce une responsabilité opérationnelle, on travaille en équipe, on peut toujours organiser les choses, déléguer, partager le travail, etc. »* Certains métiers exigent une forte mobilité géographique et n'intéressent pas les femmes. Mais ce n'est pas la seule explication. *« D'une façon générale, quand il y a une opportunité de promotion, on ne pense pas spontanément aux femmes. »* Là encore, c'est culturel. Même s'il y a un certain nombre de femmes dans le gouvernement, les ministres, qu'ils soient hommes ou femmes, choisissent majoritairement des hommes comme directeurs de cabinet. *« Or, tant qu'il n'y aura pas de femmes à ces postes et en nombre beaucoup plus large dans les cabinets, ce sera difficile de faire bouger les méthodes de travail. Elles pourront apporter une amélioration si elles arrivent à atteindre un seuil critique de participation. »*

Les hommes se sélectionnent entre eux

Autre obstacle : il existe de grandes différences entre les ministères. Ainsi, au ministère des Finances, on ne mène pas de réflexion particulière sur le sujet. En plus, les hommes se sélectionnent pour l'essentiel entre eux. D'où l'intérêt d'une association comme Administration Moderne. *« On s'épaule, on se recommande. Quand il y a des directrices femmes, on essaie de les motiver à jouer un rôle d'entraînement sur leurs collègues. »* Mais toutes ne jouent pas le jeu. *« Les plus âgées ont parfois du mal à coller à notre démarche car elles ne peuvent accepter d'entrer dans une logique de différenciation, alors qu'elles ont souvent dû lutter dans leur carrière en se glissant dans le moule, en apparence universel, mais finalement de fait masculin. »* Quant aux hommes, certains soutiennent l'association, mais d'autres continuent à en sourire. *« Quand nous avons créé l'association, en 1998, cela a surpris. On nous appelait sous le manteau "l'association des nénettes". »* Mais aujourd'hui, Administration Moderne est considérée comme un interlocuteur crédible, qui apporte des idées concrètes pour la réforme de l'État, une sorte de think tank, autant qu'un réseau de femmes.

CV

44 ans.
Essec et ENA.

Agnès Arcier est chef de service à la direction générale des entreprises du ministère de l'Économie. Elle est présidente fondatrice d'Administration Moderne, association de femmes hauts fonctionnaires qui milite pour la réforme de l'administration.

Auteure d'un livre de réflexion managériale intitulé *Le quotient féminin de l'entreprise* (Village Mondial, 2002).

7. L'art du compromis

> *« L'entreprise est un monde guerrier. Elle a été faite par des hommes. Depuis le fond des temps, ils sont faits pour la guerre. Les stratégies d'entreprise sont guerrières. Les femmes n'ont jamais aimé la guerre qui leur prend leurs fils et leurs hommes. La grossesse est longue, l'accouchement est dur. La vie a de la valeur pour elles. Les femmes ont la capacité de gérer les conflits, d'apaiser, de se mettre à un autre niveau, d'essayer d'éviter la violence. »*
>
> Pierre Blanc-Sahnoun[1]

Le vocabulaire familier de l'entreprise est révélateur de l'atmosphère guerrière qui y règne et de l'influence de la culture militaire : état-major, stratégie, tactique, cible, quadrillage, esprit de corps, chaîne de commandement,

---

1. Coach, consultant et journaliste.

capitaines d'industrie, front-line, divisions, ordres de mission… En France, l'École Polytechnique créée initialement pour former des militaires fournit – ce n'est pas par hasard – un grand nombre de chefs d'entreprises. Les conseils d'administration ont longtemps été truffés d'officiers supérieurs à la retraite. Un leader est censé mener ses hommes au combat. « *La guerre économique* » dresse les entreprises les unes contre les autres, banalise la concurrence et la compétition, valorise les conquérants, les gagneurs et les gagnants, multiplie les luttes au couteau, internes et externes, et les victimes en tous genres. Les médias comptent les coups et les coûts. Ce n'est pas un climat apprécié par les femmes en général. Les conflits détruisent les liens entre les gens et les organisations, or elles sont plutôt *des tisserandes* (Jacqueline Laufer, sociologue). Cela n'aurait pas de sens de dire que les hommes aiment la guerre. Mais elle fait partie de leur univers mental et influence les règles du jeu de l'entreprise aux antipodes de la culture féminine.

Comme toujours, il y a chez les dirigeantes des contre-exemples, des bagarreuses et des tueuses qui ont adopté les règles du jeu dominantes de l'univers professionnel. Pour les pionnières en particulier et en l'absence d'autres modèles que le masculin, il était difficile d'inventer et d'imposer de nouveaux styles de management.

Christine Lagarde se souvient : « *J'ai été la première femme à diriger le comité mondial de Baker & McKenzie. Je n'avais pas de modèle autre que le modèle masculin.* »

Ne pas aimer les conflits ne veut pas dire les nier ou les fuir. Les femmes sont bien placées pour savoir qu'ils font partie de la vie. Elles ont dû lutter pour arriver là où elles sont, « *elles sont capables de se battre pour défendre leurs convictions* » comme le souligne Laurence Danon[1]. Mais elles s'efforcent d'anticiper les crises, de les prévenir ou de trouver des solutions acceptables par tous.

Sur le plan des conflits interpersonnels, les attitudes déjà évoquées des dirigeantes (décontraction plus marquée à l'égard du pouvoir et de la hiérarchie, écoute, empathie, confiance en l'humain, mode consultatif de décision, délégation, esprit d'équipe, franchise, etc.) dénotent un management plus relationnel qu'un management par le stress. Donc moins susceptible d'isoler les individus et de les dresser les uns contre les autres, de laisser pourrir les situations. « *Je suis exigeante, tatillonne. Je suis plutôt du genre à mettre les pieds dans le plat. Je ne pratique pas la stratégie d'évitement. Quand je ne dis rien, c'est que je n'ai rien à dire. Je ne travaille pas avec des sous-entendus. Je dis les choses au fur et à mesure*

---

1. Directrice du directoire du Printemps.

78

pour que cela ne devienne pas violent le jour où on les dit. Tout est une question de confiance. Je fonctionne beaucoup à la confiance », confie Yseulys Costes, fondatrice et présidente de MilleMercis.com. *« Les femmes sont incapables de cacher leur réprobation immédiate devant un comportement qu'elles n'approuvent pas »*, constate François Dupuy, ce qui permet de régler certaines situations dans l'instant et d'éviter qu'elles dégénèrent. *« Elles ont la capacité de faire adroitement retomber les conflits »*, selon Laurence Monnier-Verdier, DRH de Manpower.

Le conflit oui, la violence non

Dans le domaine des désaccords purs et durs, qu'ils soient individuels ou collectifs, *« les femmes, parce qu'elles sont sans doute moins égocentrées, ne se sentent pas personnellement remises en question, mais seulement concernées, par les termes de la confrontation, d'où une plus grande capacité à prendre du recul, à utiliser leur imagination et à sortir des cadres pour trouver des compromis »*[1]. *« S'il faut se séparer de certaines personnes, j'essaie de ne jamais le faire de façon brutale, mais avec des arrangements »*, explique Laura Serani. De fait, comme le souligne Patrick Viveret, philosophe : *« Ce n'est pas le conflit qui est dangereux, mais la violence ; ce n'est pas le désaccord ou "le dissensus" qui mine un débat mais le procès d'intention, le malentendu, le soupçon. Quand on s'est mis*

------

1. Laurence Baranski.

d'accord sur les objets du désaccord, on constate une progression qualitative du débat. »[1]

Pour Mary Follet, pionnière du management (1868-1933) déjà, « *les conflits peuvent être constructifs, lorsqu'on imagine une solution dans laquelle chaucun trouve sa place, sans essayer de dominer* ».[2]

Laurence Parisot, patronne du Medef, parle volontiers de « *confrontations constructives* ». Elle en a donné l'exemple, au cours de la négociation avec les syndicats sur l'emploi des seniors en octobre 2005, en acceptant de présenter, en début de négociation, un texte renonçant à un certain nombre des ambitions affichées au départ par le patronat. C'est la volonté d'arriver à un accord qui primait et la presse a salué ce changement de mentalité.

Le DRH de l'agence Val-de-Marne que dirigeait Catherine Spinola raconte comment, arrivée à la tête de cette agence de France Télécom après une succession de patrons traditionnels, formés à la « *lutte* » classique avec les syndicats et à la langue de bois, « *elle les a pris à contre-pied en leur tenant un langage de vérité, ce qui s'est avéré payant, car elle en a fait des partenaires.* »

---

1. Patrick Viveret, *Pourquoi ça ne va pas plus mal ?*, Transversales/ Fayard, 2005.
2. « Au-delà des conflits », Village Mondial, 2002.

Anne Pasquier, qui a codirigé pendant des années avec sa cousine Ann-Charlotte l'entreprise familiale Aubade (500 personnes) et gérait en particulier les RH, se souvient des premiers conflits durs qui ont surgi dans l'entreprise familiale au moment de la mise en place des 35 heures, dont elle est venue à bout *« par le dialogue et le débat. »*

Pour résoudre des problèmes difficiles, les femmes n'hésitent pas à inventer de nouveaux modes de négociation. Au premier Women's Forum de Deauville, Hung Huang, DG de China Interactions Media Group, a raconté comment elle a désarmé ses concurrents qui trafiquaient leurs chiffres de distribution pour les améliorer, en développant et en faisant accepter une base de données commune à tous. *« Si vous ne pouvez passer outre les règles en vigueur il faut en inventer de nouvelles. »*

En matière de stratégie internationale, la guerre étant déclarée en permanence entre les concurrents pour gagner des marchés en livrant une bataille des prix et du volume, gagner sans combat frontal est plus difficile. Comment convaincre l'ensemble des entreprises qu'elles scient la branche sur laquelle elles sont assises. Car elles s'épuisent à lutter entre elles pour courir après des profits à court terme, remporter des victoires éphémères, dilapider leurs ressources humaines et les ressources naturelles de la planète dans une spirale inflationniste de consommation. Il y a peu de chance actuellement que les rares femmes isolées au sommet de quelques entreprises puissent changer les règles du jeu de dominos international en cours et il est difficile d'identifier des comportements féminins distincts de ceux des hommes dans ceux d'une Carla Fiorina, ex-présidente de Hewlett-Packard ou d'une Anne Lauvergeon, PDG d'Areva, prises dans des logiques qui les contraignent.

Mais plus elles seront nombreuses, plus il y aura de chances qu'elles puissent faire évoluer les règles du jeu.

Les associations à la traîne

Contrairement à ce qu'on pourrait croire, les femmes ont encore plus de mal à s'imposer dans les associations que dans les entreprises, et à y régler les conflits quand elles ont du pouvoir. Dans les 88 000 associations recensées en France [1], on compte 68 % de femmes (sur 1,3 million de salariés) ; 30 % des hommes sont bénévoles contre 22 % des femmes ; 74 % des présidents sont des hommes ainsi que 60 % des dirigeants (toutes fonctions confondues) y compris dans les associations majoritairement féminines (sauf celles de parents d'élèves). Peu

______

1. Source Insee, 1er septembre 2003.

de hiérarchie en interne et beaucoup de fortes têtes.

« Le milieu associatif est très spécial. Le talon d'Achille des associations est qu'elles marchent au copinage : on se connaît, on se tutoie. Quand une crise éclate, il est difficile de trouver des compromis. Après 1968, à l'ère de l'autogestion, il y avait un vrai déficit de gestion. Il a fallu réduire les effectifs, ce fut sanglant. Devant l'impossibilité de trouver une solution approuvée collectivement, j'ai proposé de nous séparer des derniers arrivants. Je me suis fait traiter de tous les noms – ça se dit socialiste... – Un vrai grand guignol ! Impossible de vider les conflits, le contexte est trop affectif, idéologique, et en même temps les gens sont lâches. Beaucoup de personnalités perturbées peuvent s'y développer et il n'y a pas de sanction » constate Jacqueline Mengin, présidente de la Fonda[1].

« La compétition ne devrait pas s'effectuer les uns contre les autres, mais les uns avec les autres » affirme Albert Jacquard, généticien.

---

1. FONDA : Fédération des organismes nationaux pour le développement agricole.

○ Marie-Christine est l'une des pionnières d'internet

Marie-Christine Levet est présidente de T-Online France Club-Internet.

« Ce qui compte, c'est de participer à une aventure. »

À la tête de Club-Internet, filiale française de l'Allemand T-Online (Deutsche Telekom), Marie-Christine Levet est l'une des pionnières du web. *« Je me suis lancée dans l'internet au tout début en 1997, à une époque où peu de gens y croyaient. Tout était nouveau. »* Ce qui, selon elle, explique en partie son succès professionnel. *« J'ai pu avoir ce parcours car je n'ai pas suivi une carrière dans des secteurs classiques. Dans ces derniers, on préfère les hommes, à compétences égales. Les femmes doivent davantage innover, construire des voies alternatives pour accéder au pouvoir. Elles doivent prendre plus de risques. Je ne serais jamais arrivée à ce niveau si j'avais eu un parcours plus classique. »* Pour preuve, ses amies de sa promotion HEC qui ont suivi des voies plus traditionnelles ont toutes été confrontées au fameux plafond de verre. C'est à ce moment-là qu'elles ont choisi de faire des enfants. *« Et elles ont eu encore moins de chance de le briser… »* Ce qui est d'autant plus injuste que les femmes qui ont des enfants travaillent aussi bien que les autres, voire mieux. *« Elles sont toujours très organisées, très consciencieuses. Elles culpabilisent beaucoup et du coup elles travaillent encore plus. »* Pour la patronne de Club-Internet, plusieurs facteurs expliquent le faible nombre de femmes aux sommets des entreprises. Premièrement, elles ne s'intéressent pas aux stratégies pour gravir les échelons. *« Les jeux de pouvoir se font en général en dehors des heures de travail, tard le soir au bureau ou dans des clubs. Nous, les femmes, faisons plus attention au partage de la vie privée et professionnelle. Quand on dirige une entreprise de 500 personnes, on a un agenda chargé. Si en plus je devais passer mes soirées à entretenir mes réseaux… »*

Les femmes travaillent dans leur coin

« Les hommes sont toujours ceux qui demandent une augmentation. Les femmes ont un côté bonnes élèves, consciencieuses. Elles travaillent dans leur coin sans rien demander. Quand un homme n'a pas très bien géré un dossier, il se mettra quand même en valeur avec beaucoup d'assurance alors qu'une femme qui a très bien traité un dossier pointera tout de suite ses imperfections, culpabilisera car elle n'a pas tout fait, etc. » « Les hommes aiment plus le pouvoir. Les femmes qui ont des postes de direction sont arrivées rarement par goût du pouvoir mais par intérêt du travail, par envie d'épanouissement personnel, par sentiment de réalisation… » Sans se soucier du nombre de personnes à diriger, des avantages en nature, etc. *« Quand je recrute des hommes, le nombre de personnes qu'ils vont manager est très important pour eux. S'il n'y en a pas assez, ils me diront : « Mais avant je dirigeais 100 personnes… » Moi, cela m'est totalement égal. Ce qui compte c'est le sentiment de participer à une aventure… »* Elle souligne que les hommes attachent aussi beaucoup d'importance aux signes extérieurs de

pouvoir. « *Ils veulent une belle voiture par exemple alors que pour les femmes, c'est un critère secondaire.* »

Pas d'obsession pour la hiérarchie

Les femmes ont aussi moins le sens de la hiérarchie. « *Elles fonctionnent plus par projets, par consensus.* » Et le regard des autres n'est pas toujours bienveillant. « *Si on est trop autoritaire, on est considérée comme une garce. Si on ne l'est pas, on est incompétente. Si on s'énerve, on dit qu'on est émotive. On ne dira jamais d'un homme qui s'énerve qu'il est émotif…* » En ce qui la concerne, Marie-Christine Levet est un chef plus autoritaire qu'elle ne l'est dans la vie courante, pour être respectée. « *Si j'étais un homme, cela se ferait plus facilement. Je suis aussi très perfectionniste. En général les femmes patrons sont très exigeantes car elles le sont d'abord pour elles-mêmes.* »

Les hommes aiment-ils être dirigés par une femme ? La réponse varie en fonction de l'âge. « *J'ai eu à gérer des start-ups avec de très jeunes hommes. Le fait que j'étais une femme n'a jamais posé de problème car leur mère travaille ainsi que leur petite amie. Par contre, cela en pose aux hommes de plus de quarante-cinq ans : ils sont beaucoup moins à l'aise d'être dirigés par une femme, surtout si leur épouse ne travaille pas. Ils le vivent moins bien car pour eux le modèle est celui de leur femme.* » Pour augmenter le nombre de dirigeantes, elle suggère de « *donner des exemples de femmes aux postes de pouvoir : plus il y en aura, plus les choses bougeront, plus les jeunes femmes auront envie de les imiter. Ce qui est dommage c'est que certaines filières ne soient pas choisies par les filles, notamment celles des ingénieurs. Pour certains postes d'ingénieurs nous ne recevons que des CV masculins. Il y a pourtant des filles bonnes en physique à l'école ! ».*

CV

38 ans.
HEC et **INSEAD.**

Elle a fait ses classes dans le conseil en management chez **Accenture**, avant de rejoindre **Disney** puis **PepsiCo**. En 1997, elle intègre le groupe **Bertelsmann** pour lancer la version française de **Lycos**. Puis elle gère les rachats de Spray, Caramail et Multimania. En 2001, elle est nommée PDG de Club-Internet, filiale de l'Allemand **T-Online International AG (Deutsche Telekom)** et elle orchestre le lancement du haut-débit. En 2005, Marie-Christine convainc son actionnaire de réinvestir sur le marché français pour devenir opérateur télécoms.

8. Adeptes de la croissance douce

« Pour moi, la croissance d'une entreprise découle de la santé de son fonctionnement. Elle ne saurait constituer en soi un objectif valable. En fait, la croissance est la coupable qui se déguise sous le masque de buts impossibles à atteindre. »
Jack Trout[1]

Elles pouvaient, elles peuvent avoir un autre destin, mais le fait d'avoir été cantonnées à la sphère domestique si longtemps a rendu les femmes championnes de l'économie au sens étymologique *« eko noimos »*, science des affaires de la maison. Elles ont dû apprendre à hiérarchiser les besoins, optimiser les ressources, faire vivre les membres de leur famille dans les meilleures conditions possibles, sous tous les cieux, en toutes circonstances, déployer des trésors d'imagination pour faire des miracles. C'est d'ailleurs surtout les femmes qui tiennent encore les cordons de la bourse dans la plupart des sociétés, des classes et des familles. Cette longue expérience, elles l'appliquent naturellement à la gestion des ressources matérielles de l'entreprise.

Certes l'Économie avec un grand E concerne désormais les échanges généralisés de produits

---

1. Jack Trout, *L'essentiel de la stratégie,* Village Mondial, 2004. Américain, libéral, ancien de Général Electric, il est auteur de best-sellers mondiaux.

et de services à l'échelle de la planète et les rapports fluctuants de leur production, de leur distribution et de leur consommation. Mais n'est-il pas frappant que dans les mains des hommes les actions de cette économie tendue vers l'abondance contribuent à la prolifération de la rareté au lieu de l'éliminer ?

Les dirigeantes n'ont pas la folie des grandeurs, et on en voit peu rêvant de brasser de plus en plus de moyens humains et financiers dans les grandes entreprises. Pas de patronnes « *voyous* » non plus qui confondent les caisses, mettent la clé sous la porte ou partent avec les machines. Elles ont tendance à faire avec les moyens du bord – sous réserve de pouvoir mener à bien les projets sur lesquels elles se sont engagées. Elles ne cherchent pas à grossir à tout prix, mais visent plutôt un développement maîtrisé « *alors que les hommes qui sont davantage dans le paraître ont d'abord des objectifs de croissance* », comme le dit Agnès Arcier. Cela ne les empêche cependant pas de « *développer de nouvelles activités* », assure l'auteure du *Quotient féminin*. D'aucuns pourront railler cette retenue ou ce « *manque d'ambition* », mais d'autres, nombreux, hommes ou femmes, s'interrogent désormais sur la légitimité de la fascination masculine pour la croissance. Il est intéressant de comparer dans les grandes entreprises les approches utilisées par les responsables pour négocier leurs budgets.

Les hommes ont tendance à demander plus que nécessaire « *pour pouvoir sauver l'essentiel au moment de l'arbitrage final* » et les femmes à se rapprocher de ce qu'elles pensent qu'il est raisonnable de demander en fonction de leurs missions et de l'enveloppe globale à partager. Elles négocieront ensuite pied à pied pour obtenir ce budget dans son intégralité.

Prudence et consolidation

Ces comportements prudents sont plus facilement observables quand les femmes fondent et gèrent leur propre entreprise où elles ont les mains vraiment libres (on compte 30 % de femmes parmi les créateurs d'entreprises[1]). Chantal Baudron, qui a créé et développé un des cabinets de recrutement les plus cotés de Paris, s'est volontairement fixée un horizon de « *croissance douce, la liberté de faire mon métier selon ma conception dans le souci des intérêts des deux parties, clients et candidats* ». Margaret Milan[2] souligne : « *J'étais très précautionneuse, j'ai avancé à pas de chat en testant les choses avec prudence. Le jour où j'ai vu que l'idée fonctionnait et que le modèle économique était clairement défini, j'ai mis le paquet : une ambition commerciale doublée d'une énorme prudence.* » Yseulys Costes[3] se dit aussi

---

1. INSEE, 2003.
2. Fondatrice d'Éveil et Jeux.
3. Fondatrice de MilleMercis.com.

« *prudente, économe et analytique* ». Et Marion Mazauric, fondatrice d'Au diable vauvert, ex-directrice littéraire et membre du comité de direction de *J'ai Lu*, précise : « *Je travaille à la consolidation, pas à l'explosion.* »

Comme le montrent de nombreuses études et témoignages il a toujours été plus compliqué pour les femmes que pour les hommes d'emprunter de l'argent pour créer leur entreprise. « *J'ai eu certainement plus de difficultés qu'un homme auprès des banques quand j'ai monté ma société ; je faisais très jeune ; on pensait que je n'avais même pas le bac* », raconte Louise Guerre[1] dont la combativité n'a pas été entamée pour autant et dont l'entreprise d'archivage électronique est prospère. Ces réticences ne sont pas toujours sexistes, mais souvent liées au fait que de nombreuses femmes créent des entreprises de petite taille (les banques préfèrent prêter aux grandes) dans des secteurs peu capitalistiques, le commerce et les services. En outre, les pionnières n'avaient pas l'expérience de la négociation financière.

Les études menées par le réseau d'accompagnement des créations et des initiatives pour une nouvelle solidarité (Racines) montrent que les

---

1. PDG de Serda.

91

femmes essuient 30 % de refus de prêts de plus que les hommes.

« Les femmes qui créent leur entreprise (30 % de la population des créateurs d'entreprise) sont plus âgées et plus diplômées que les hommes créateurs, mais ont moins d'expérience dans le métier concerné. Elles mettent 13 mois pour finaliser leur projet (contre 8 pour les hommes). Elles créent plutôt de Très Petites Entreprises. Elles présentent un taux de 41 % de survie d'entreprise à 5 ans alors qu'il est de 45 % pour les hommes. Elles accèdent aux prêts bancaires dans 29 % des cas seulement. 45 % d'entre elles démarrent avec 8 000 euros (contre 37 % des hommes seulement »[1]

À projet d'envergure égale, les femmes hésitent plus que les hommes à s'endetter lourdement et demandent des prêts au plus juste.

Dans le domaine spécifique du micro-crédit qui se développe en France, Maria Nowak, présidente de l'Adie qui finance et accompagne les chômeurs et les allocataires de RMI n'ayant pas accès au crédit bancaire et voulant créer leur entreprise, constate : *« Parmi nos créateurs, 6 000 prêts par an pour 30 à 40 000 dossiers, il y a un tiers de femmes. Elles mettent plus longtemps à se décider, mais elles s'accrochent. »* Dans les pays en

---

1. Études de Racines 2003-2004.

développement on sait depuis longtemps que ce sont les femmes qui sont le véhicule privilégié du micro-crédit et qui tiennent le plus fidèlement leurs engagements.

Les entreprises nord-américaines créées par des femmes ont un taux de survie supérieur aux créations masculines comme le souligne la consultante canadienne Louise Roy qui suit ces questions : « *Nous pouvons le constater chez nous car les femmes ont commencé vingt ans avant les européennes à devenir entrepreneurs, et nous disposons de recul et de résultats significatifs.* »

En terme de performance, comme le montrent les études européennes et nord-américaines, tout dépend de la façon dont on la définit. Peu de différences en termes de rendement ; seul le critère taille serait favorable aux hommes. « *Selon certaines études, quand des femmes créent leurs entreprises, elles se développent moins, sont moins rentables. Mais souvent les objectifs des entrepreneurs hommes et femmes sont différents. Un homme a d'abord des objectifs de croissance alors qu'une femme souhaite être indépendante, améliorer sa qualité de vie, etc. Donc les résultats des entreprises créées par les femmes sont finalement meilleurs par rapport à leurs objectifs que ceux des hommes.* »[1]

---

1. Agnès Arcier.

○ Marion crée sa maison d'édition pour vivre en famille en Camargue

Marion Mazauric est la fondatrice de la maison d'édition Au diable vauvert.

« Je suis devenue patronne pour des questions de valeurs personnelles. »

Qu'est-ce qui a poussé Marion Mazauric, en juin 2000, à quitter un poste envié de directrice littéraire et membre du comité de direction des éditions J'ai Lu (groupe Flammarion) pour créer sa maison d'édition à Vauvert, en pleine campagne camarguaise ? *« Je dirigeais un département qui vendait 10,3 millions d'exemplaires par an pour 109 millions de francs de chiffre d'affaires »*, explique-t-elle. De 400 titres par an et un salaire confortable chez J'ai Lu, elle passe à 15 titres et aucune rémunération pendant trois ans. *« Beaucoup de gens ne comprenaient pas comment je pouvais renoncer à un poste aussi important pour créer une petite maison d'édition en province ! »* L'explication tient en un mot : famille. *« Si j'étais comblée sur le plan professionnel, sur le plan personnel, ma vie s'écartelait. Je vivais seule la semaine à Paris et retrouvais mon mari et mon fils le week-end dans le Gard. »* C'est son mari, forestier et picador de taureaux qui assurait les doubles journées pendant la semaine. *« C'est un nouveau père. »* Marion, qui se définit comme une provinciale écolo, passionnée de chevaux et de tauromachie, ne voulait pas élever son fils à Paris. Son patron lui propose l'expérience du télétravail : elle passe deux jours à Paris et installe un bureau chez elle, dans le

Gard. « *J'ai tenu un an et demi. Le télétravail n'a pas été une solution idéale. Je n'arrêtais pas de travailler. J'enchaînais tous mes rendez-vous pendant mes deux jours à Paris et je travaillais cinq jours à la maison non stop.* » Après une série d'évanouissements, son médecin l'arrête quinze jours. C'est le déclic.

Bousculer le patrimoine littéraire académique

« *Je me suis remise en question. J'avais quarante ans. Je me suis lancé le défi de créer une maison d'édition culturelle indépendante en province. Je l'ai fait pour des questions de valeurs personnelles.* » Et pas par envie de devenir patron. « *Quand on est dirigeant, on est auréolé d'une gloire qui me laisse complètement indifférente. Je viens d'une famille de fonctionnaires et d'enseignants pour qui le patron de PME incarne le diable. Pire, je connaissais la galère des petits éditeurs indépendants et cela ne m'avait jamais donné envie de créer ma maison d'édition.* » En pleine campagne, elle fait « *un stage d'austérité personnel* ». Soutenue par des actionnaires privés convaincus par ce projet indépendant en région, elle constitue et consolide son équipe : un associé pour la fabrication et les relations libraires, une comptable, un assistant et externalise le reste. En 2004, Au Diable Vauvert compte 700 000 euros de chiffre d'affaires, 70 titres en catalogue et environ 40 auteurs. « *Nous sommes à l'équilibre mais pas encore à l'autofinancement. Il faut normalement dix ans pour asseoir la rentabilité d'une maison d'édition littéraire de création. Je pense qu'on y arrivera en six ans.* » Sa maison d'édition s'est déjà taillée une belle réputation en publiant une génération d'écrivains nés après 1960, influencée par les contre-cultures – science-fiction, roman noir, générationnel, cinéma, BD, séries, langue orale – à l'instar de Nicolas Rey, Poppy Z. Brite, Pierre Bordage, Thomas Gunzig, Neil Gaiman ou Douglas Coupland, etc. Son objectif, créer une maison d'édition de qualité et de référence, exigeante et publiant peu, à l'image de POL ou des éditions Christian Bourgois, est atteint : bousculer le patrimoine littéraire français académique avec en prime des couvertures très stylisées et flashies. « *Quand j'étais en fac, la maison d'édition culte, c'était POL. Aujourd'hui, c'est Au Diable vauvert ! Et on reçoit 3 000 manuscrits par an.* » Objectif à moyen terme : 25 à 30 titres par an avec 6 ou 7 employés. Pas plus. « *Je ne veux pas trop me développer car je veux aussi conserver du temps pour ma vie personnelle. Je ne travaille plus le week-end depuis seulement un an et demi et je me paye depuis la troisième année.* »

Le plaisir n'exclut pas la rigueur

Côté management, Marion se décrit comme une affective, exigeante « *voire chiante* », déteste la hiérarchie, respecte tout le monde, notamment ses auteurs qu'elle paie bien, sans clause de préférence « *pour une liberté réciproque* » et leur soumet tout : dernières relectures, couverture, etc. Elle revendique aussi le plaisir au travail « *malgré la rigueur du boulot* » et affiche une volonté de dire les choses. « *Il ne faut jamais laisser les situations pourrir.* » Petit bémol : elle admet préférer travailler avec les garçons. « *Les filles sont plus difficiles à gérer. Elles sont trop affectives. C'est mon cas. J'essaie de canaliser ce côté affectif car quand il est dominant, c'est une erreur. J'apprécie la mixité mais je dirige mieux les garçons. Je ne passe pas du tout par la séduction avec eux, plutôt par une amitié virile.* »

CV

45 ans.
Hypokhâgne et khâgne, maîtrise de lettres à Paris IV, puis DESS d'édition à Paris XIII.

Elle débute en 1985 à Arles, chez Actes Sud puis à Marseille chez Jeanne Laffitte. Entre chez J'ai Lu en 1987 comme adjointe de Jacques Sadoul, directeur littéraire, et devient directrice littéraire et membre du comité de direction en 1997. En juin 2000, création d'Au Diable vauvert.

9. Préserver leurs propres valeurs

« Ce qui me guide dans ma manière d'agir, c'est de rester toujours au plus près de mon credo personnel, au bureau comme à la maison, avec mes enfants comme avec mes amis. »
Dominique Reiniche[1]

Comportement partagé par de nombreuses dirigeantes : la cohérence entre leurs façons de penser et d'agir, entre ce qu'elles disent et ce qu'elles font. Pour Claire Breuvart, qui a fondé successivement deux entreprises après avoir occupé des postes de direction chez Moët et Chandon et Philip Morris France, et ainsi choisi de travailler davantage tout en gagnant moins d'argent : *« Mes valeurs sont essentielles, je ne peux faire de concession avec elles. La liberté, d'abord. Je préfère gagner moins mais rester maîtresse de mes choix. J'ai besoin d'être convaincue par un projet pour m'investir, sinon je ne peux pas. »*

Dans la mesure où leur objectif professionnel est de se réaliser en tant que personne, et où elles arrivent avec un regard neuf dans ce monde masculin, les femmes qui dépensent déjà beaucoup d'énergie à mener de front plusieurs vies sont moins tentées de la gaspiller pour tricher sur leur véritable personnalité. Elles croient de moins en moins nécessaire

---

1. Présidente Groupe Europe de The Coca-Cola Company.

d'imiter les rôles de chefs tels qu'ils sont joués par toute une série d'acteurs masculins prisonniers du modèle de l'autorité, de l'infaillibilité. Cette attitude anticipe-t-elle une évolution générale des mentalités ?

« Les prestations de solistes de dirigeants prétendument surdoués et communicants, mais en réalité narcissiques, imbus d'eux-mêmes et peu clairvoyants, n'intéresseront bientôt plus personne. La virtuosité est passée de mode », estime Rémi Huppert[1].

La légitimité des *« grands »* patrons porteurs de beaux discours, de belles chartes éthiques (celle d'Enron avait plus de quarante pages) contredites par leurs pratiques est désormais largement entamée et remise en question du fait de la multiplication de comportements douteux, ou carrément dévoyés.

Les dirigeantes, la plupart en tout cas, osent être elles-mêmes et agir en conformité avec leurs valeurs essentielles. Marie-Claude Peyrache, présidente pour la France du réseau de femmes PWN, qui a dirigé des équipes importantes a été la seule femme du comité exécutif de France Télécom pendant sept ans. Elle confirme : *« Je n'ai jamais agi contre mes valeurs et aspirations profondes. Dans tous mes jobs,*

---

1. Rémi Huppert, 7 *qualités pour manager autrement*, Éditions d'Organisation, 2003.

j'ai pu rester moi-même. Je me suis toujours intéressée à ceux qui travaillaient avec moi, efforcée de les écouter, de les pousser, de les faire grandir, de trouver avec eux des compromis quand ils avaient des difficultés. »

Chantal Baudron rappelle : « *Je n'ai jamais singé les hommes. Quand j'ai souhaité créer ma propre structure, pour être plus libre, pour trouver plus facilement un meilleur équilibre dans ma vie personnelle et profession-nelle que dans une grande structure, j'ai tenu, par déontologie, à partir sans mes équipes et sans mes clients. »*

Plutôt partir que se compromettre

Quand elles n'arrivent pas à préserver ce qui leur paraît essentiel sur le plan professionnel et/ou privé, elles sont capables d'abandonner des postes prestigieux, d'aller voir ailleurs ou de créer leur propre entreprise. Louise Roy, à qui on proposait la présidence de l'entreprise publique québécoise qui gère la loterie et les jeux, a décliné l'offre pour des raisons éthiques.

À la tête du comité de direction mondial de Baker & McKenzie de 1999 à 2004, Christine Lagarde, qui n'était pas menacée, démissionne. Elle dit avoir ressenti très nettement un phéno-mène d'usure, une baisse de créativité et l'urgence de se renouveler. Elle a donc reconnu ses limites et préféré laisser le pouvoir à d'autres.

Laurence Baranski a fondé l'association Interactions : Transformation Personnelle/ Transformation Sociale. L'objectif est de développer les changements collectifs grâce aux efforts de chacun pour agir en cohérence avec ce qu'il défend individuellement. Elle constate que les femmes, dirigeantes ou pas, sont plus spontanément sensibles à ce combat qu'elle pense essentiel pour développer de nouvelles dynamiques dans l'entreprise. *« La cohérence entre ce qu'on dit et ce qu'on fait est fondamentale en termes de crédibilité, d'autorité, d'exemplarité et d'entraînement. »*

Marion Mazauric a abandonné *« un gros poste »* : *« J'y ai renoncé pour des raisons de valeurs : vivre en famille, chez moi. Beaucoup de gens ont eu du mal à le comprendre, mais les femmes sont plus attachées à leurs valeurs qu'à leur carrière. »* Pour la coach de dirigeantes Dominique Hans, *« Quand on demande à des hommes leurs valeurs dans leur vie professionnelle, ils citent souvent le pouvoir. Les femmes, elles, ne le citent jamais. Elles évoquent en priorité l'épanouissement, l'équilibre vie privée vie professionnelle, elles recherchent une satisfaction dans leur travail, une indépendance financière et le fait d'être reconnues. »* Les hommes ont gagné le pouvoir et l'argent, les femmes cherchent du sens et sont capables d'en donner à l'entreprise.

Des entreprises militantes

Les entreprises créées par des femmes sont souvent fondées sur leurs convictions. Comme celle de Margaret Milan qui avec Éveil & Jeux a cherché à créer une petite entreprise militante où le jeu serait un vecteur d'éducation et de lien entre les parents et les enfants.

L'Anglaise Anita Roddick, fondatrice de Body Shop, a toute sa vie professionnelle essayé de réconcilier l'éthique et le business en développant une entreprise prospère de cosmétiques (chiffre d'affaires de 234,2 millions de livres sterling, 6 000 personnes dans 1 968 boutiques en 2003) dont l'objet premier n'était pas le profit mais le progrès social. Cette fille d'immigrés italiens n'était pas seulement motivée par la création de crèmes et de shampoings mais aussi par *« la lutte contre la pauvreté et les dégâts écologiques causés par la globalisation du modèle occidental »*. Elle a donc engagé son entreprise dans des combats sans cesse renouvelés sur les droits de l'homme et de la nature. Pour remettre les pendules à l'heure sans assimiler la valeur au profit, mais lui redonner son objectif premier de *« valeur d'existence »*.

◯ Louise fonctionne à l'instinct

Louise Roy, Canadienne, est ex-vice-présidente exécutive d'Air France.

> *« Chez vous un chef décide seul.*
> *Au Canada, on consulte son équipe. »*

Quand Christian Blanc est nommé à la tête d'Air France pour redresser l'entreprise en difficulté, il cherche des profils hors des grands corps pour métisser les cultures. En 1994, il recrute la Canadienne Louise Roy, qui avait présidé l'équivalent québécois de la RATP. Elle devient vice-présidente exécutive d'Air France et débarque alors dans un univers qui lui est complètement étranger. *« Il fallait gérer le changement, briser la hiérarchie, être pragmatique, établir une relation de confiance. J'ai été frappée par des traits spécifiquement français. Chez vous, un chef doit décider tout seul. Au Canada, on consulte les autres. Moi, je dis à mon équipe : "Avez-vous des idées ? Exprimez-vous sur ce que vous pensez." Ensuite je décide. »* Louise Roy s'étonne aussi des réunions interminables… Autre différence : l'importance extrême des diplômes. *« Nous parlons français comme vous, mais nous nous comportons professionnellement comme des Nord-Américains. Nous n'avons pas de grandes écoles qui assurent d'avoir des postes-clés à vie dans de grandes entreprises. Pas de systèmes automatiques de cooptation. C'est le potentiel dévoilé, l'énergie, ce qu'on a été capable de développer qui font qu'on émerge de la tête du peloton. Cela facilite sans doute la carrière des femmes. »*

Une longueur d'avance au Canada

Préoccupées par leurs plans de succession, les entreprises forment les femmes autant que les hommes dans cette optique. Vue d'ici, la situation des Canadiennes paraît enviable. Toutes les professions se féminisent. « *Au Canada, les femmes dominent partout sauf chez les ingénieurs. Il y en a de plus en plus dans les postes financiers. On en voit au sommet des grandes banques.* » Alors que plus de 50 % des étudiants sont des femmes, leur montée paraît irrésistible vers les postes de cadres et de cadres dirigeants. « *Certes, les femmes restent encore minoritaires dans les plus hauts postes décisionnels, mais la situation progresse.* » Par ailleurs, les entreprises canadiennes ont pris conscience du plafond de verre depuis plus de vingt ans. « *Il y a beaucoup d'études sur le management féminin, sur les capacités des femmes à être ou non des leaders.* » Ce qui n'empêche pas les femmes qui font des breaks entre 25 et 35 ans de ne pas retrouver leur poste quand elles reprennent le travail. « *Moi, je n'ai jamais eu d'enfants. Ce que je ne recommande pas à mes étudiants. Le temps est passé si vite. Quand j'ai réalisé, c'était trop tard.* »

Les femmes sont centrées sur les résultats

Que l'on soit homme ou femme, les qualités pour manager sont les mêmes. Pour Louise Roy, il faut savoir écouter, arriver à faire travailler les gens en équipe, obtenir des résultats. « *D'une façon générale, les femmes sont moins politiques. Elles ne font pas partie de réseaux informels et sont davantage concentrées sur les résultats. Je crois aussi qu'elles ont besoin d'être cohérentes avec leurs valeurs, en harmonie avec leur environnement.* » C'est son cas. Elle a refusé récemment la présidence de la société publique des jeux et loteries canadienne, parce que cette position n'était pas en ligne avec ses valeurs. Louise Roy fonctionne à l'instinct et à l'intuition. Et n'hésite pas à s'entourer de personnes plus qualifiées qu'elle. Dans la Société de transport de Montréal où elle dirigeait 8 000 personnes, elle a adopté une approche de terrain et fait régulièrement le tour des employés avec qui elle a établi une relation de confiance. Dès le début, elle a proposé des relations transparentes aux médias. « *Je les ai respectés, ils m'ont respectée. Et cela a marché. Nous avons pu transformer l'organisation, la décentraliser, promouvoir beaucoup de femmes dans des postes opérationnels. Nous avons aussi promu les différentes ethnies, question majeure au Canada.* » Dans son pays, elle constate que les aspirations des jeunes hommes et femmes se rapprochent en termes d'équilibre de vie personnelle et professionnelle. Ils commencent à refuser des postes de pouvoir, en particulier dans des entreprises cotées en Bourse, perçues comme « *dictatrices* » de résultats à court terme. « *Sûrement parce qu'ils sont conscients que le contrat de loyauté entre l'entreprise et ses salariés est rompu depuis les licenciements massifs. Au Canada, non seulement le secteur manufacturier traditionnel se détériore (jouets, textiles, bois, papier…) sous l'effet de la concurrence mondiale et de l'augmentation de la productivité, mais c'est aussi le cas de celui des services sous l'effet des fusions, acquisitions, délocalisations. »*

CV

57 ans.
Scolarité de PhD sociologie (université du Wisconsin, Madison) et maîtrise en Administration publique (École nationale d'administration publique).

Louise Roy est présidente du Forum sur le leadership d'avenir au Centre interuniversitaire de recherche en analyse des organisations (Cirano).

Elle a été successivement PDG de la Société de transport de Montréal, vice-présidente principale du groupe La Laurentienne, vice-présidente exécutive Air France, présidente et chef de la direction Télécommunications inc., vice-présidente exécutive de l'Association internationale des transports aériens (Iata).

◯ **Anita réconcilie éthique et business**

Anita Roddick est fondatrice de Body Shop.

« Mon management se fonde sur le respect des autres et j'essaie de traiter correctement les gens partout et toujours. »

Qui mieux que la Britannique Anita Roddick, fondatrice de Body Shop, incarne les changements que peuvent apporter les femmes quand elles sont aux manettes ? En 1976, cette fille d'immigrés italiens lance à Brighton, une petite boutique de produits de beauté. Son manque de moyens stimulera sa créativité : crèmes naturelles basées sur des recettes de grand-mère, flacons en plastique bon marché utilisés par les hôpitaux pour les analyses d'urine, magasin peint en vert pour cacher les taches d'humidité, etc. Le style est donné et rencontre un succès fou. Il marquera à jamais l'entreprise malgré son développement international accéléré. Body Shop emploie aujourd'hui plus de 6 000 personnes dans 2 000 magasins à travers le monde pour un chiffre d'affaires de 234,2 millions de livres sterling. Un succès dû, en grande partie, à la personnalité de sa créatrice qui se définit comme une femme *« expansive, chaleureuse et fonceuse »*. Militante écologiste, Anita Roddick refuse les tests sur les animaux et lutte contre le sexisme de l'industrie cosmétique et de ses publicités. Elle crée ainsi une affiche d'homme objet qui fera scandale aux États-Unis (pays dans lequel Body Shop a eu pas mal de déboires). Et lance une campagne de publicité pour décomplexer les femmes, avec Ruby, poupée anti Barbie et dodue, et le slogan suivant : « *Seules 8 femmes sont des top models, 3 milliards n'en sont pas.* »

Surtout, elle croit qu'une entreprise dont le premier objectif n'est pas le profit mais l'amélioration de la société peut vivre et se développer. Elle propose une nouvelle définition du management basé sur le bien-être au travail et des valeurs de respect. « *Il s'agit d'aimer ses employés et de changer le langage guerrier du management qui ne parle que de conflits et de contrôle au lieu de dialogue, de coopération et de respect.* » Ces valeurs ont toujours cours malgré la taille de l'entreprise. « *Ce sont nos valeurs qui fondent et maintiennent la cohérence du groupe, de son personnel, de ses produits, de ses actions, de sa communication, de son style et qui donnent de l'énergie à notre personnel. L'essentiel pour nous depuis le début, est de traiter correctement les gens partout et toujours* », explique-t-elle. Parmi les innovations proposées par Anita : la conception de lieux de travail esthétiques, artistiques, avec des expositions, des concerts, des fêtes. Mais aussi des crèches sur place et des garderies après l'école. « *Nos bureaux se situent à mi-chemin entre le campus et le kibboutz.* »

Des combats humanitaires et sociaux

La fondatrice de Body Shop engage son entreprise dans ses combats humanitaires et sociaux. Elle remplace la pub par des campagnes d'information relayées par ses magasins qui placardent des affiches et des slogans. Elle entraîne ses clientes qui viennent retirer des prospectus dans les boutiques, à signer les pétitions. Aidée par la fondation Body Shop qu'elle a créée, elle est de tous les combats des droits de l'homme et de la nature. Courageuse, Anita va sur les lieux des plus grandes injustices, obtient la libération de prisonniers, au Nigeria notamment, travaille avec Amnesty International et les Amis de la terre. Et noue de multiples partenariats *« équitables »* avec des petits producteurs africains et indiens qui lui fournissent la matière première de ses produits et qu'elle aide à s'équiper. *« Nous croyons que l'entreprise est une force essentielle de transformation sociale. D'où nos engagements permanents pour lutter contre les injustices qui sont à l'origine des désordres mondiaux. Cet activisme dynamise notre personnel – des femmes essentiellement – et nos clients. Le respect humain se traduit dans nos produits par la recherche d'ingrédients naturels et écologiques, par la juste rémunération des fournisseurs des pays en développement que nous aidons à se professionnaliser et à s'autonomiser et par notre loyauté à l'endroit des consommateurs à qui nous ne vendons pas un rajeunissement mensonger, mais des soins d'entretien et de confort efficaces. »*

De la cohérence avant tout

Honnête, elle promet à ses clientes des crèmes agréables mais qui ne les empêcheront jamais de vieillir. Et – discours iconoclaste dans le monde de l'industrie cosmétique – elle suggère la casquette comme meilleur antirides. Anita

Roddick, qui a laissé son siège de présidente à Adrian Bellamy, continue à sillonner de nombreux pays, toujours à la quête de nouveaux produits mais aussi de nouveaux combats. *« Je piste toutes les causes qui me semblent pouvoir être défendues par le groupe et je me rends fréquemment dans nos boutiques pour écouter les vendeurs et les clients. Je réfléchis aussi à des soins spécifiques pour les femmes de la soixantaine. »* Pour cette femme pugnace qui a affronté et résolu humainement tous les problèmes classiques de management au cours du développement de Body Shop, qu'il s'agisse de leadership, recrutement, concurrence, licenciement, mais n'a jamais perdu son âme, un entrepreneur doit être un peu fou, visionnaire et obsessionnel.

CV

Anita Roddick, 63 ans, grandit à Littlehampton, sur la côte ouest de l'Angleterre. Ses parents sont restaurateurs. Diplômée en histoire, elle devient institutrice, puis ouvre un hôtel résidentiel et un restaurant à Littlehampton. En 1976, elle ouvre sa première boutique Body Shop à Brighton.

Auteure de *Corps et âme*, autobiographie (Village Mondial et Graines de Changement, 2005).

10. Féminin, masculin, mixité

« Dans mes fonctions de conseil en recrutement, j'observe que mes clients me demandaient un homme ou une femme pour tel ou tel poste. Ce n'est plus vrai. »
Chantal Baudron

L'observation sur le vif des dirigeantes et leurs témoignages montrent qu'elles possèdent à l'évidence des compétences majeures de leadership et de management et que leur façon de les exercer correspond aux besoins nouveaux des entreprises, systèmes vivants plongés dans des océans d'incertitudes et de complexité. Cette constatation est largement partagée par les hommes.

Pour 41 % des chefs d'entreprises, les compétences stratégiques et les facteurs d'optimisation se déclinent au féminin. De l'enquête Arborus/CCIP, menée auprès des entreprises des quatre départements de Paris et de la petite couronne, il ressort que les trois facteurs d'optimisation de la vie de l'entreprise pour lesquels les femmes sont jugées plus compétentes – à savoir la capacité relationnelle, la gestion du temps, l'organisation planifiée – sont précisément ceux qui sont considérés comme les plus importants dans les affaires.

Quand on demande aux membres des directions des sociétés françaises cotées en Bourse, comme l'a fait Taylor Nelson Sofres pour l'association Action de Femmes, de comparer les qualités dont font preuve les hommes et les femmes dans les CA, ils reconnaissent davantage de ténacité (65 %) et de qualité d'écoute aux femmes (63 % d'entre eux), et une rigueur, une pondération et une diplomatie équivalentes à celles des hommes.

L'enquête menée par Aurora (organisation internationale basée à Londres qui effectue des études sur les femmes) en partenariat avec la firme de conseil internationale Caliper, révèle les mêmes différences entre les dirigeants et dirigeantes américaines qu'entre les dirigeants et dirigeantes anglaises : pour les femmes l'empathie, les qualités relationnelles, le sentiment spontané d'être « *rejetées* » par les hommes, suivi de près par la volonté de montrer ce dont elles sont capables. Elles semblent ignorer davantage les règles établies et prendre plus volontiers des risques. Résultats singulièrement comparables à ceux qu'on constate en France.

Les portes s'ouvrent

Rares sont donc les hommes qui remettent en question l'efficacité des dirigeantes (ou en tout cas osent le faire). De plus en plus déclarent recruter des personnalités, des qualités, des compétences, et pas des sexes. « *La question n'est pas de recruter un homme ou une femme, mais de recruter la bonne personne* », affirme Pierre Bellon, Président de Sodhexo. François Dupuy[1] confirme : « *Ce qui compte pour nos clients, c'est la compétence.* » Mais ils reconnaissent tous que « *les femmes ne sont pas des hommes en jupe* » et que la valeur ajoutée qu'elles apportent dans leurs bagages est une source indispensable de diversité pour l'entreprise.

Les dirigeantes aussi, contrairement à ce qu'on a pu raconter sur les crêpages de chignon entre femmes, en sont persuadées. Lorsqu'elles sont au pouvoir, elles essaient de féminiser leurs équipes, non seulement au niveau des managers intermédiaires mais aussi à celui de la direction : pour des raisons d'efficacité d'abord mais également d'affinités, de solidarité et d'intérêt à travailler dans un milieu réellement mixte.

Laurence Danon est un cas d'école parce qu'elle y a particulièrement réussi. Elle se félicite de ce qu'« *au Printemps, nous respections une quasi-parité dans l'encadrement supérieur (40 % des premiers dirigeants de l'entreprise sont des femmes). Le comité exécutif est composé de 50 % de femmes.* » Elle rajoute qu'elle n'a jamais regretté d'avoir

---

1. Sociologue, Président de Mercer Consulting France.

promu une femme à des niveaux élevés, la mixité lui paraissant « *une condition de réussite des entreprises* ». Laurence Monnier-Verdier reconnaît être plus tentée de choisir une femme qu'un homme quand elle recrute, « *sans doute en tant que femme moi-même, je sens davantage d'affinités* ». Mais elle juge indispensable de masculiniser les équipes de Manpower dans lesquelles il y a trop de femmes pour assurer la pluralité et la complémentarité des approches.

Rose Marie Van Lerberghe est la première femme nommée (en 2002) à la tête de la Direction Générale de l'Assistance Publique des Hôpitaux de Paris, elle ne désigne pas que des femmes à la direction des hôpitaux mais elle n'hésite pas à leur confier – c'est une première – les plus grosses structures : La Pitié-Salpétrière, Antoine Becker, Saint-Antoine sont dirigés désormais par des femmes comme le souligne Véronique Desmaret, Directrice de l'Hôpital Bretonneau. Laurence Parisot a féminisé sensiblement, dès son arrivée, les équipes du Medef et déclaré : « *Quand on est en position de le faire, il ne faut pas hésiter à faire monter les copines.* » Mixité n'est pas égalité, et partout il y a encore de la marge.

La diversité : une nécessité

Les femmes sont capables « *de faire, de dire, d'être, qui sont des attitudes essentielles pour impulser de vraies dynamiques de changement de soi, des autres et des organisations. »*[1]

Elles n'ont pas besoin de connaître la systémique pour savoir qu'un ensemble, qu'il s'agisse d'une famille, d'une entreprise ou d'un cerveau, déborde l'addition de ses différents éléments, car ce sont les échanges qui en font la richesse et quand ils se raréfient, la famille, l'entreprise, le cerveau courent à leur perte. Leur management est interactif, comme devrait l'être tout management, centré sur la création et l'activation des liens entre les personnes et entre les personnes et la collectivité.

C'est un homme qui déclare *: « Promouvoir des femmes dans toutes les organisations au nom de la liberté des personnes et de l'égalité des chances, c'est terriblement dépassé. C'est au nom de la nécessité que cela devient une ardente obligation, il y va de notre intérêt commun. »*[2]

Qu'il y ait des dirigeants *« hommes »* qui possèdent ces compétences, cette capacité à mobiliser des qualités féminines ou *« quotient féminin »* comme l'appelle Agnès Arcier est une évidence. Mais ils ne sont pas majoritaires et ont été médiocrement encouragés jusqu'ici à les développer. Cela peut changer.

---

1. Laurence Baranski, consultante.
2. Hervé Sérieyx, *Colère à deux voix*, InterÉditions, 1995.

L'image du manager qui réussit a été longtemps perçue – y compris par les femmes – comme ayant des caractéristiques masculines : « *stabilité émotionnelle, agressivité, confiance en soi.* »[1] Elle est en train d'évoluer. Le nouveau manager sera composé d'un mélange de caractéristiques féminines et masculines, ou comme le dit Avivah Witemberg, « *sera bilingue* ».

Pas de modèle féminin à la place du modèle masculin

Le management doit être mixte, comme la vie. « *Craindre la différence, c'est avoir peur de la vie* » déclare Mary Follett[2]. Mais la mixité ne sera réelle, efficace et pérenne que si elle est couplée avec une égalité des droits et une égalité en nombre des femmes à tous les niveaux de l'organisation.

Il n'est pas question de chercher à substituer une domination féminine à la domination masculine, mais d'en marier les vertus pour une entreprise pleinement humaine et donc plus performante.

« *Pour être en phase avec le monde actuel, votre entreprise a besoin d'un subtil dosage de qualités dites féminines (capacité d'écoute, relationnel, compréhen-*

---

1. Sophie Landrieux-Kartochian, *Cahiers du Cergor*. 03/01-2003.
2. « *Diriger au-delà du conflit* », Village Mondial, 2002.

sion du complexe, attachement au concret, sens du partage de l'information et du collectif, délégation), et de qualités dites masculines (rationalité, force, capacité de décision). »[1]

◯ Martine n'hésite pas à embaucher plus fort qu'elle

Martine Michelland-Bidegain est consultante.

« Les femmes sont des tricoteuses. »

« J'ai toujours choisi les projets sur lesquels j'avais envie d'investir et les patrons avec lesquels j'avais envie de travailler. Sans trajectoire prédéfinie. » Dans sa promotion à Sciences-Po, Martine Michelland-Bidegain côtoie Chevènement, Sellières, Alain Gomez. La tuberculose l'empêche de les suivre, comme prévu, à l'ENA et elle est envoyée dans un sanatorium pour étudiants. À son retour, elle s'investit dans le syndicalisme étudiant et devient présidente de la MNEF en 1962. C'est la première fois qu'une femme en est la présidente. *« Il y avait 300 salariés. Nous gérions la sécu étudiante, la mutuelle complémentaire et nous travaillions beaucoup sur les problèmes sanitaires et sociaux du milieu. Les priorités étaient le logement, la contraception, la santé mentale. »* À l'époque, on découvrait la psychiatrie institutionnelle. Inspirée par Guattari, Oury et l'expérience de Cour-Cheverny, elle crée le réseau des

---

1. Agnès Arcier, *Le quotient féminin*, op. cit.

bureaux d'aide psychologique pour les étudiants, les BAPU. Elle garde de cette époque des liens d'amitié avec Marc Kravetz et Christian Blanc qui lui succédera à la présidence de la MNEF. Engagée politiquement au PSU, elle rêve de missions de service public pour *« faire bouger la société »*. Bien que fille et épouse d'industriels, elle n'est pas particulièrement attirée par l'entreprise et le monde bureaucratique de l'administration la rebute. Elle enchaîne des missions dans des organismes parapublics, gérés de façon paritaire par les patrons et les syndicats : d'abord à l'Institut d'information et de documentation du travail, puis à l'Association française pour l'amélioration de la productivité (Afap) qui s'est transformée en Centre national d'information pour le progrès économique (Cnipe). Elle y crée une *« pédagothèque »* pour diffuser l'information et la formation économique, qui est visitée par plus de 20 000 personnes. Après cinq ans de vie, le Cnipe est supprimé. *« J'aimais bien ces organismes éphémères qui ne survivaient pas à leur mission. »* Elle connaît alors une petite période de chômage, fait un troisième enfant et une formation de sociologie des organisations avec Michel Crozier. Elle entre au cabinet de Michel Albert au Plan puis de Michel Rocard, alors ministre d'État, chargé du Plan et de l'Aménagement du territoire. Et s'occupe du développement local. Elle rejoint ensuite le groupe Thomson pour y animer la mission de reconversions industrielles. Crée l'université d'entreprise Thomson, devient DRH du groupe. *« Pendant dix*

*ans, Alain Gomez m'a fait confiance et m'a laissée déve-
lopper des projets passionnants. »*

Dans la réalisation de projets, on donne le meilleur

Ensuite, Christian Blanc l'appelle pour coordonner le projet de redressement d'Air France où elle devient directeur général adjoint et DRH. *« Dans la réalisation d'un projet, on donne le meilleur. C'est ce qu'a fait l'équipe de Blanc qui a vécu cinq ans dans une dynamique folle et qui a réussi son pari. Blanc, Olivennes, Véron, Kozar, Chabridon, Durand, une fois le travail fait, on est tous partis vers d'autres projets. On ne l'a pas vraiment décidé. La politique en a décidé pour nous, mais n'empêche, j'ai trouvé ça assez élégant. J'ai eu beaucoup de plaisir à travailler avec Christian Blanc. »*

Puis Strauss-Khan et Sautter la nomment présidente du Centre de perfectionnement des cadres supérieurs du ministère de l'Économie, des Finances et de l'Industrie, dans le cadre du projet de réforme du ministère des Finances. *« J'ai découvert un univers qui n'est pas dirigé par des managers mais par des règles et des procédures. Le temps ne compte pas, n'est pas une variable de la performance, contrairement aux entreprises privées. J'ai vu passer en formation un millier d'hommes et de femmes remarquables et gravement sous-utilisés. L'administration recrute les meilleurs et n'en fait rien. C'est un grand gâchis humain. Il n'y a que les responsabilités, les difficultés surmontées, les défis assumés qui font grandir les personnes. L'administration… quel beau chantier ! »*

Plus facile avec les hommes, plus sûr avec les femmes

« Je n'ai jamais été vraiment subordonnée. J'ai choisi ou on m'a choisie. J'ai fonctionné à l'impulsion et à la confiance, avec beaucoup d'autonomie. » Martine Michelland-Bidegain aime piloter des équipes pluridisciplinaires et s'entourer de gens plus forts qu'elle. *« C'est stimulant, on apprend sans arrêt. »* Thomson était un univers d'ingénieurs, masculin. Elle reconnaît qu'elle y a été admise parce qu'elle apportait des idées, des services nouveaux qui faisaient progresser la collectivité et qu'elle n'était pas en compétition avec les hommes sur leur territoire.

À Air France, il y avait une plus grande mixité et les femmes ont été les meilleures alliées de la direction dans la transformation de l'entreprise. *« Les femmes sont des tricoteuses. Elles sont concrètes, elles aiment que les choses avancent, que le travail débouche, que la production ait du sens. »* Elle même trouve plus facile de diriger des hommes car elle a *« inconsciemment »* un rapport de séduction avec eux. *« Mais à l'expérience, ils sont souvent fragiles. Ils ont tendance à croire qu'il suffit d'émettre des idées brillantes et que l'intendance suivra. Les femmes, elles, ne sont pas rebutées par l'intendance. Elles sont plus dures à piloter mais elles sont solides, fiables, elles dépiautent. »* Actuellement, Martine Michelland-Bidegain travaille pour un grand cabinet dirigé essentiellement par des femmes. *« L'ambiance est tonique. On travaille énormément mais il y a aussi des fêtes. »* Sur le plan personnel, elle a épousé un homme qui avait déjà trois enfants. Elle lui en a fait trois autres. *« J'ai sous-traité le quotidien à une femme merveilleuse qui est restée trente et un ans à la maison. Je me suis toujours sentie coupable. »*

CV

60 ans.
IEP Paris et DEA de sociologie.

Elle a mené des missions dans des organismes parapublics, au Commissariat au Plan, avant de devenir DRH chez Thompson et DRH et directrice déléguée chez Air France.

PARTIE II

On ne les arrêtera plus

Tout simplement parce qu'on ne pourra plus les arrêter. Parce qu'il sera de plus en plus difficile de dresser des obstacles artificiels sur le chemin des femmes qui ont choisi de s'engager dans l'exercice des plus hautes responsabilités. Non seulement elles en ont les capacités mais elles surfent désormais sur les nouvelles vagues porteuses des évolutions en-cours, sociales, économiques, démographiques et politiques.

1. Les places des baby-boomers à prendre

« Le baby-boom (de 1946 à 1965) et le baby gap (de 1974 à 1994) changent la démographie de la France. Le vieillissement démographique provoque une remise en cause des piliers sur lesquels s'est fondé notre développement depuis cinquante ans. Une véritable révolution silencieuse est en marche, économique et sociologique. »
Eléonore Marbot[1]

On parle depuis longtemps de cette « rupture historique » dans l'ensemble des pays développés et c'est pour demain. Deux tendances se cumulent en effet : les départs à la retraite s'accroissent et les générations entrant sur le marché du travail sont désormais moins nombreuses. D'après les travaux du groupe de Prospective métiers du Commissariat au Plan, entre 2005 et 2010, 650 000 personnes devraient partir chaque année à la retraite contre 480 000 entre 2000 et 2005. Les projections de l'INSEE

---

1. Éléonore Marbot, *Les DRH face au choc démographique*, Éditions d'Organisation, 2005.

125

prévoient que la population en âge de travailler devrait diminuer de près de 90 000 personnes par an dans les quinze prochaines années.

Les conséquences sont multiples : départ accéléré de personnels, cadres et non cadres, disposant d'un savoir-faire acquis au cours des années, besoins d'embauches sur un marché plus tendu en matière de personnel qualifié, défaut d'encadrement, baisse de la qualité de service.

Ce choc démographique est identifié depuis longtemps, mais les entreprises en France ont plutôt joué le court terme jusqu'ici, continuant à proposer des retraites volontaires aux plus de cinquante-cinq ans pour dégonfler leurs effectifs. Contrairement aux firmes nord-américaines qui se préoccupent depuis des années de mettre en place des plans de succession.

Une enquête de la Cegos[1] auprès de 300 DRH d'entreprises de plus de 200 salariés, fait ressortir qu'ils sont désormais en majorité conscients du choc à venir. Les impacts sont attendus à court terme par 64 % des DRH et à moyen terme par 94 % dans les secteurs du commerce et de la distribution, de l'industrie et des services. Ils prévoient des coûts importants

---

1. *Journal du management*, 1er novembre 2005.

dans plusieurs domaines : indemnités de départ, recrutements, formation, transferts de connaissances, réorganisations et aménagements de postes de travail : *« Les entreprises devront faire davantage participer les femmes, les jeunes et les seniors à la vie active. 42 % des entreprises indiquent qu'elles s'apprêtent à faire évoluer leur portefeuille de hauts potentiels. Pour prendre la suite des seniors, 69 % des DRH privilégient les promotions internes, 31 % le recrutement externe. »*

À quand les plans de succession ?

Dans l'immédiat, de nombreux seniors continuent à quitter, bon gré mal gré, l'entreprise. Le recrutement indispensable devrait renforcer la proportion de femmes. En effet, l'écart du taux d'activité entre les deux sexes reste encore assez important : il est de 10 points avec 75 % d'actifs chez les hommes et près de 65 % chez les femmes[1]. Actuellement, le nombre de femmes actives est de 12,680 millions et celui des hommes de 14 775 millions[2]. La promotion interne devrait, pour sa part, développer la proportion de femmes cadres (seulement 30 % à l'heure actuelle). *« Face aux perspectives de recul de la population active, nombre d'économistes voient dans l'accroissement de la participation des femmes au marché du travail la possibilité d'y pallier. Il y a là*

_____
1. Apec, 2005.
2. Insee, 2004.

le moyen de résoudre les questions de tassement de la croissance et celle du financement des retraites. »[1]

Évidemment la voie sera toujours et normalement étroite pour les femmes mais aussi pour les hommes vers les postes du sommet. Mais plus la base arrière des femmes sera importante, plus leur vivier sera riche et résolu, plus leur poussée et leur percée risquent d'être efficaces. Quand partiront les papy-chefs actuels, arrimés à leur poste, la concurrence sera peut-être moins féroce. Il est d'ailleurs curieux de constater que les entreprises refusent de recruter les seniors de plus de cinquante ans alors que leurs présidents restent à leur tête jusqu'à soixante-cinq ans au moins.

Ces facteurs démographiques ont beau être favorables aux femmes, ils ne permettent pas à eux seuls d'augurer des évolutions très rapides s'ils ne sont pas accompagnés de mesures volontaristes.

---

1. Revue de l'Ofce.

2. Plus de diplômes, moins de complexes

> *« Reste que les deux routes du savoir et de la liberté convergent. Au moment où les femmes, au nom du savoir, revendiquent le pouvoir, comment ce pouvoir deviendrait-il fonction de pures stratégies individuelles et de réseaux de relations et ne devrait-il plus grand-chose à la méritocratie ? »*
> Françoise Barret-Ducrocq et Evelyne Pisier[1]

À l'école, les petites filles sont les premières à apprendre à lire et elles redoublent moins leurs classes. Selon les chiffres-clés Insee 2004, elles sont ensuite plus nombreuses que les garçons à obtenir le baccalauréat (83,3 % contre 77,6 %) et leur score au bac scientifique est proportionnellement meilleur. Dans les classes préparatoires aux grandes écoles, elles sont 76,4 % dans les sections littéraires, 56,2 % dans les sections économiques, 27,8 % dans les sections scientifiques, 41,4 % toutes sections confondues. Et elles sont 50 % à suivre un troisième cycle universitaire.

Le savoir a toujours été synonyme d'émancipation, comme le montrent Françoise Barret-Ducrocq et Evelyne Pisier qui font en 1997 dans *Femmes en tête* le portrait d'une centaine de

---

1. Françoise Barret-Ducrocq et Evelyne Pisier, *Femmes en tête*, Flammarion, 1997.

femmes au pouvoir dans les entreprises et dans les médias. Il est difficile d'imaginer que dans une société démocratique « *le mérite ne mène pas à la méritocratie.* » Ou qu'on puisse désormais priver les filles des avantages des connaissances qu'elles croquent avec tant d'appétit et qu'elles avalent à toute allure et dans tous les domaines.

La querelle des cerveaux

Il y a certes encore quelques nostalgiques de « *l'infériorité féminine* », comme le fameux Lawrence H. Summers, président de Harvard, pour continuer à gloser sur les différences « *innées* » entre les femmes et les hommes au niveau du cerveau. Elles expliqueraient notamment « *le gap scientifique* » entre les sexes. Mais le tollé provoqué aux États-Unis (qualifié à Harvard « *de tsunami intellectuel* ») et dans le monde par ses déclarations, les excuses de l'honorable professeur, confirme la progression des mentalités. Car au siècle dernier le Français Gustave Le Bon, médecin et sociologue, pouvait déclarer impunément que : « *La petite taille de leur cerveau est à l'origine de la superficialité des femmes, de leur absence de réflexion et de pensée logique ainsi que de leur incapacité à raisonner.* »

Catherine Vidal et Dorothée Benoit-Browaeys, respectivement neurobiologiste et journaliste scientifique, s'insurgent contre les tenants du déterminisme biologique qui justifient les inégalités par des sources prétendument naturelles. Elles balayent toute une série de préjugés : « *Le poids du cerveau féminin n'est pas inférieur à celui de l'homme si l'on tient compte des proportions du corps. Nos aptitudes, nos émotions, nos valeurs ne sont pas inscrites dans les structures mentales physiques, elles ne sont pas immuables, elles sont acquises ; notre destin n'est pas gravé dans notre cerveau. Le cerveau est fait pour apprendre. Il est malléable, il évolue en permanence. Les circuits neuronaux se font et se défont au gré des expériences. La différence entre un rugbyman et un violoniste est plus grande qu'entre un homme et une femme.* »[1]

Suzan Greenfield, sommité scientifique mondiale, spécialiste du cerveau, aime raconter que si on les pose côte à côte sur une table, il est impossible de distinguer un cerveau d'homme de celui d'une femme. La neurobiologiste, professeur de pharmacie à Oxford, s'intéresse de près aux relations des femmes avec les sciences et déclare préférer travailler avec elles car le climat est nettement moins agressif et la créativité plus grande.

Dans son livre sur les femmes et la science, *Trop belles pour le Nobel*[2], Nicolas Witkowski dresse

---

1. Catherine Vidal et Dorothée Benoit-Browaeys, *Cerveau, sexe et pouvoir*, Belin, 2004.
2. Nicolas Witkowski, Seuil, 2005.

131

une galerie de portraits de mathématiciennes, physiciennes, biologistes brillantes et méconnues, victimes du sexisme de la science. Il n'y a pas « *que* » Marie Curie !

Plusieurs associations, notamment Femmes et Sciences, Femmes Ingénieurs, Femmes Mathématiques s'activent à encourager les filles à se tourner vers les études scientifiques et les parents et enseignants à les y inciter. Elles militent aussi pour la promotion des femmes scientifiques dans les entreprises et les institutions de recherche. Elles se sont notamment insurgées en octobre 2005 contre le fait que les propositions de nominations au conseil d'administration du CNRS ne comportent aucune femme et qu'elles soient totalement absentes de la loi sur la Recherche.

En sciences aussi elles sont douées

En 2003, 56 % des étudiants en université sont des étudiantes, mais elles sont seulement 49 % dans les écoles de management et 25 % dans les écoles d'ingénieurs[1]. Dommage, car à diplôme scientifique égal, elles ont les mêmes propositions d'emploi. Les raisons des réticences des filles à s'engager dans des études scientifiques et dans les carrières qui en découlent sont connues. L'étude de l'Apec, « Le temps des

---

1. Apec, 2005.

femmes », les analyse en détail. D'abord elles sont peu encouragées au moment décisif des orientations par les conseils de classe et/ou les professeurs. Les attentes des parents sont moindres dans ce domaine pour leurs filles. Elles-mêmes donnent la priorité à leur projet professionnel plus qu'à leur profil de carrière contrairement aux garçons qui choisissent une grande école d'ingénieurs par ambition plus que par goût. En outre, dans la mesure où le monde professionnel des ingénieurs reste un univers très masculin, elles savent que les difficultés à surmonter pour s'intégrer seront plus importantes qu'ailleurs, et elles s'autocensurent. « *Au départ je ne voulais pas être ingénieur. Je trouvais cela très répulsif. Les femmes elles-mêmes entretiennent des idées simplistes* », confie Anne Lauvergeon[1]. Malgré « cette division sexuelle des savoirs »[2] les progrès – y compris dans les écoles d'ingénieurs – sont notables. Entre 1999 et 2004, la proportion des filles a augmenté de 3 points, passant de 22 à 25 % des effectifs et augmentant de 33 % en valeur absolue.

Elles investissent progressivement toutes les fonctions, tous les secteurs et tous les métiers « *à vocation masculine* », même si pour certains d'entre eux c'est encore dans des proportions

---

1. Anne Lauvergeon, *Femmes en tête, op. cit.*
2. Catherine Marry et Sylvie Sweitzer, *Femmes et société*, La découverte, 2005 *op. cit.*

modestes et encore plus minces donc aux top niveaux. Nulle part leur efficacité n'est mise en cause. Pas plus dans les sciences qu'ailleurs.

Fortement diplômées, mollement cooptées

Autre moteur de progression, elles ont été élevées avec des garçons, et la plupart des filles éduquées n'éprouvent pas le sentiment d'infériorité que leur mère (en tout cas beaucoup d'entre elles) manifestait vis-à-vis du genre masculin. Elles sont décomplexées. Avivah Wittenberg-Cox analyse comment elles se considèrent nées égales, engagées à exceller, et encouragées à être autonomes. Quand elles démarrent dans la vie professionnelle, elles ont confiance en leurs qualités et sont optimistes sur les opportunités qui les attendent. Elles pensent que la bataille pour l'égalité est près d'être gagnée et que leur progression se fera sans heurts et sera rapide. *« Puis c'est le choc culturel, lorsque, après une insertion rapide, des premiers résultats objectifs, elles découvrent que l'inégalité entre les "genres" existe toujours. »*[1]

« La nouvelle génération des filles dans les grandes écoles connaît une totale égalité dans les études, les notations. Elles n'imaginent pas que l'inégalité existe encore dans les entreprises, elles pensent qu'elles vont y

___
1. Avivah Wittenberg-Cox, *Femmes et carrières*, European PWN, 2005.

retrouver la même mixité. Quand nous intervenons dans des amphis et leur expliquons la réalité actuelle, elles nous prennent pour de vieilles ringardes. Ensuite elles tombent de haut. »[1]

Certaines abandonnent, mais beaucoup persistent et, moins surprises et mieux préparées, les suivantes résisteront. La Cofremca[2] note déjà chez les jeunes femmes entre 20 et 35 ans en 2005, des évolutions par rapport aux années 80-90 : « *Elles sont plus multifacettes, elles ont le souci de piloter leur vie en saisissant toutes les opportunités. Elles veulent pouvoir exprimer leur personnalité, vivre des expériences qui les enrichissent et leur ouvrent de nouveaux horizons.* » Celles qui choisissent de faire carrière seront difficiles à « *neutraliser.* »

Certes (et heureusement) toutes les femmes n'ont pas envie de se retrouver en haut des organigrammes et la plupart peuvent s'épanouir dans quantité de jobs passionnants. Trouver sa voie, son équilibre, devrait rester pour chacune l'objectif fondamental. Mais il n'y a plus aucune raison défendable de ne pas donner aux femmes qui le souhaitent, en sciences comme ailleurs, des chances égales. Seul le déblocage du noyau dur du pouvoir actuel de l'entreprise permettra d'opérer de vraies transformations.

---

1. Éliane Moyet-Laffon.
2. Lettre Sociovision n° 58.

Pour changer les entreprises, de toute façon, il faut changer les chefs.

3. Les muscles n'ont plus la cote

> « *L'information est importante dans toutes les sociétés mais j'appelle société de l'information, une société dans laquelle le traitement et la transmission de l'information deviennent les sources principales de productivité et de pouvoir.* »
> Manuel Castells[1]

L'arrivée en masse des femmes sur le marché du travail dans les années 60 coïncide avec une mutation fondamentale des sociétés développées, des entreprises et de la nature du travail. Ces évolutions paraissent particulièrement favorables à la progression de leur ascension dans des entreprises qui tirent leurs richesses de l'intelligence des salariés.

Le passage de la production de masse à celle de services de plus en personnalisés est spectaculaire. L'explosion des connaissances dans tous les domaines – des matériaux à l'informatique en passant par la biologie – et la montée en puissance des revendications de dignité, de liberté et d'épanouissement des individus sont deux tendances qui se sont

---

1. Manuel Castells, *L'ère de l'information,* tome I, Fayard, 1999.

renforcées mutuellement et se sont propagées, décuplées par les technologies de l'information et les réseaux numériques. L'ensemble constituant : *« Une mutation informationnelle qui bouleverse nos modes de penser, de faire, de consommer, les liens entre les personnes et les événements sur l'ensemble de la planète. Elle appelle des réponses multiples dans tous les domaines, en particulier dans le champ de l'économie qui doit devenir plurielle. »*[1]

Les effets de cette mutation en cours ont fondamentalement bouleversé les entreprises. Elles ont changé totalement la nature des métiers, du travail, de plus en plus immatériel, fait de créativité et de relations humaines et celle de la valeur[2]. Fin de l'ère de la matière, du lourd, du dur, de la production et de la re-production ; plongée dans l'ère des services, de l'immatériel, du léger, de l'innovation, de la création comme André-Yves Portnoff le décrivait déjà (en 1983 et 1985)[3]. Un produit ou un service se distingue désormais d'un autre par *« l'intelligence ajoutée »* qui n'est pas seulement un processus cognitif mais la prise en compte de connaissances, d'expériences, d'intuition des

---

1. Jacques Robin, fondateur du Groupe des Dix et de la revue Transversales/Science Culture.
2. Cf. André-Yves Portnoff et Véronique Lamblin, *La valeur réelle des organisations,* Futuristes, n° 288/2003.
3. André-Yves Portnoff et Thierry Gaudin, *La révolution de l'intelligence,* Sciences et techniques, 1983.

besoins des clients. Dans le prix de revient d'un produit, ce n'est plus la matière première qui coûte cher. Elle représente par exemple à peine 3 % du coût d'une chaussure, le reste étant la conception, le design, les matériaux synthétiques, le transport, le marketing, etc. Une entreprise tire un avantage compétitif de sa capacité d'innover, de se différencier des autres. Le pape du management, Peter Drucker, observait il y a déjà quarante ans la montée irrépressible des « *travailleurs du savoir* » qui ont une expertise, une connaissance, un niveau élevé de formation et de savoir-faire. Il montrait comment, dans l'économie des services propre aux nations les plus avancées, ce qui comptait désormais c'était la productivité des travailleurs non manuels, qu'il a appelés des « *manipulateurs de symboles* », ceux qui traitent des informations.

L'explosion d'internet a encore accéléré la révolution de l'immatériel. Désormais, créativité, connaissances, valeurs, idées, passions sont plus déterminantes pour la réussite ou l'échec d'une collectivité ou d'une entreprise.

La matière grise comme matière première

L'auteur du *Pari sur l'intelligence*[1] cite volontiers pour illustrer ses propos l'exemple de Thomson Multimédia condamnée par les financiers et

____
1. André-Yves Portnoff.

qu'un Premier ministre français voulait vendre pour un franc symbolique. Elle a pourtant connu un redressement spectaculaire : les analystes classiques avaient négligé le capital immatériel de l'entreprise constitué notamment par ses connaissances (ses nombreux brevets), ses capacités relationnelles (sa possibilité de travailler en coopération avec les Américains), son intelligence collective, l'aptitude à innover, coopérer, se mobiliser dans un climat de confiance.

Ce dont il est question désormais, ce ne sont plus des ressources humaines, mais des « *richesses humaines* » selon l'expression d'Alain Richemond[1], des compétences et des talents évidemment non sexués et dont les réserves ont l'avantage d'être sans limites contrairement aux ressources matérielles.

Dans cet univers des idées, l'intelligence émotionnelle reconnue aux femmes est un avantage compétitif. Non que les hommes n'éprouvent pas d'émotions. Mais on leur a appris à les réprimer depuis l'enfance et à les censurer dans l'univers professionnel. Depuis Descartes, la logique de la « Raison » ordonnance le monde occidental. Les entreprises ont longtemps proscrit émotions et sentiments présumés perturba-

---

1. Alain Richemond, *La résilience économique*, Éditions d'Organisation, 2003.

teurs de l'ordre. Or, elles sont confrontées aux limites de la rationalité pure et dure dans le monde d'incertitude actuel. Comment programmer « raisonnablement » la créativité, l'innovation, anticiper les multiples facettes des avenirs possibles, prévoir les attentes non encore formulées par les clients ? Seules des intelligences émotionnelles et intuitives parviennent à capter les signaux faibles qui clignotent dans l'environnement. C'est ce qui explique la réhabilitation de l'intuition et des émotions dans l'entreprise (en parallèle avec les travaux des neurobiologistes sur l'influence majeure des émotions sur le cerveau et l'intelligence). Les ouvrages et les séminaires sur « le business émotionnel » se sont d'ailleurs mis à fleurir.

Les femmes ont des chances réelles d'affirmer leur égalité dans ce contexte professionnel « *immatériel* ». Tout en contribuant à créer des conditions favorables à son développement car il ne se développe que dans un environnement de confiance et de coopération.

4. L'entreprise masculine en crise

> *« Il existe deux manières d'accroître la performance*
> *de l'entreprise : la stratégie du boucher, qui consiste*
> *à trancher dans les coûts — et en particulier à couper dans*

> *les effectifs – et la stratégie du boulanger, qui s'efforce*
> *de faire lever la valeur ajoutée en faisant en sorte*
> *que les femmes et les hommes mobilisent leur intelligence*
> *individuelle et collective. »*
> Gary Hamel[1]

Source principale de richesses et d'emplois, l'entreprise est en crise. La star des années 80, désormais mondialisée, est accusée de tous les maux. Ses méfaits ont remplacé ses hauts faits à la une des médias : pas un jour sans une annonce de licenciements massifs, sans une augmentation des chiffres du chômage, sans un scandale financier faisant plonger de grands chefs. L'interdépendance mondiale et la financiarisation systématique des économies ont incité bon nombre de ces entreprises (évidemment celles dont on parle le plus et ce sont les plus grandes), à fonctionner comme des machines à faire du cash pour les actionnaires. D'ailleurs, quand elles licencient, il n'est pas rare que leur cours en Bourse grimpe. Comme si elles avaient oublié qu'elles sont un collectif d'humains qui a des responsabilités d'insertion et de solidarité. Pour beaucoup, l'entreprise a rompu le contrat social qui la liait à ses salariés : *« L'entreprise est de moins en moins perçue comme une communauté mais comme un marché : un endroit où l'on vient s'acheter un salaire, un surplus de compétence et d'expérience, de l'aventure et de la*

---

1. Gary Hamel, *La conquête du futur*, Dunod, 2005.

réalisation de soi-même. »[1] Normal donc que les salariés n'en soient plus des inconditionnels, qu'elle ait du mal à garder *« les potentiels »* qui ont bien compris qu'ils doivent d'abord être *« employables »* et qui savent qu'ils sont *« décrutables »*. Beaucoup de patrons se plaignent du cynisme des jeunes qui s'en vont du jour au lendemain pour une offre plus rentable ou des conditions de travail plus agréables. Certaines firmes font même appel à des interventions de philosophes pour aider les salariés à trouver *« un sens »* à leur travail.

La fin du contrat social

« Ce n'est pas, contrairement à ce que certains racontent, le travail qui est en cause. Tous les sondages montrent que pour la majorité des gens, le travail reste une valeur et une préoccupation essentielle. C'est le lien avec l'entreprise qui a été rompu. »[2]

L'entreprise est accusée de détruire son capital humain. Elle essaye de le réparer à grands renforts de coachs et de médecins de l'âme. On lui reproche aussi de dilapider les richesses de la planète en étant engagée dans la spirale inflationniste du toujours plus (de croissance, de consommation, de profit). Et pour clore le tout,

---

1. Hervé Sérieyx, préface de *Beurs, Blacks et entreprises*, de Jamila Ysati, Éditions d'Organisation, 2005.
2. François Dupuy, *La fatigue des élites*, Le seuil 2005.

les grands patrons ne sont plus des modèles : accusés de mensonges, de corruption, de malversations, de maquillages de comptes, réclamant des sommes invraisemblables pour quitter des sociétés qu'ils ont contribuées à ruiner. Il ne s'agit certes pas d'une règle générale. Il y a des dirigeants sincères et compétents qui s'investissent un maximum pour que leurs entreprises soient plus humaines. Dans son ouvrage *Ressources inhumaines*, Jean-Luc Foucher en décrit plusieurs, « *humainement responsables, qui savent prendre des décisions difficiles en tenant le plus possible compte des situations individuelles et de leur influence sur leur environnement* » à l'exemple de Bernard Collomb, président de Lafarge « *pour lequel on pourrait inventer le titre d'humanisme durable* » et quelques autres pour qui « *le social peut être fédérateur* », qualifiés d'entrepreneurs militants. Mais la confiance des salariés est entamée par le comportement de ceux à qui le pouvoir a carrément fait perdre le contact avec la réalité. « *Le pouvoir est la maladie la plus grave que puisse contracter l'intelligence* » affirme Michel Serres, philosophe. Et Korsak Chairasmisak, PDG de la chaîne américaine de distribution en Asie, 7 – *Eleven*, d'ajouter : « *Le pouvoir corrompt les hommes plus sûrement que la rouille ronge le fer.* »[1]

---

1. *Enseignement d'un dirigeant asiatique*, Éditions d'Organisation, 2005.

Le type de relation entretenue par de nombreuses femmes avec le pouvoir (pouvoir « avec » plutôt que pouvoir « sur ») permet d'espérer de leur part d'autres comportements au sommet. Le management n'a pas intérêt à rester exclusivement une affaire virile.

5. Le rapprochement des aspirations des jeunes

> *« Les aspirations des jeunes hommes et des jeunes femmes se rapprochent en termes d'équilibre de vie personnelle et professionnelle. Cette constatation est faite par la majorité des DRH des entreprises et des recruteurs. »*
> Louise Roy

L'entreprise masculine est usée à défaut de se renouveler suffisamment. Elle devient impopulaire, on l'a vu, dans la mesure où elle apparaît de plus en plus comme une machine à faire du profit qui néglige ses responsabilités humaines.

Ceux qui ne la connaissent pas de l'intérieur n'en voient, surtout à travers les médias, que les aspects négatifs. Il y a désormais un sentiment d'inquiétude croissante, globalement. *« L'entreprise fait peur »* dit Michel Villette qui décrit *« comment la figure d'entrepreneur développeur de techniques et d'industries nouvelles a laissé la place à l'image centrale de l'homme d'affaires, joueur de Monopoly. »*[1]

Ceux qui y travaillent sont souvent déçus. Fait remarquable et remarqué, les attitudes des jeunes hommes et des jeunes femmes qui se côtoient désormais depuis la maternelle se rapprochent, vis-à-vis de leur vie privée et de leur vie professionnelle.

La Canadienne Louise Roy observe que de nombreux jeunes gens refusent des postes de responsabilité dans les sociétés cotées en Bourse : *« Trop de stress, trop de sacrifices, trop de risques aussi. »* Difficile, comme le dit Dominique Génelot, président d'Insep Consulting *« de tomber amoureux du taux de profit de son entreprise. »* Jacqueline Mengin[2] constate que les jeunes hommes *« ont moins de problèmes de pouvoir que leurs aînés. »* De même que pour Maria Nowak[3] : *« Les comportements entre les jeunes se rapprochent, il y a plus de garçons qui acceptent de travailler pour des salaires moins importants si le travail les passionne. »* Les jeunes gens, garçons et filles *« ne veulent pas se sentir prisonniers d'une entreprise. Le reste de la vie (famille, amis, activités culturelles) est au moins*

---

1. Michel Villette, *Portrait de l'homme d'affaires en prédateur*, La Découverte, 2005.
2. Présidente de la FONDA.
3. Présidente de l'ADIE.

aussi important pour eux que la vie professionnelle. Ils cherchent à intégrer une entreprise à taille humaine, où on puisse connaître les gens et où on vous reconnaisse. »[1]

L'argent, un moteur qui tousse

« Les jeunes de 25-28 ans sont moins carriéristes que leurs aînés. Ils n'ont aucune illusion sur l'entreprise, sont prêts à démissionner s'ils ont trop de travail. Ils se posent la question de leur équilibre de vie avant même d'être en couple », constate Dominique Hans, coach.

La qualité de vie au travail devient d'ailleurs pour tous un avantage compétitif dans le choix de l'entreprise, elle se situe juste après la rému-nération[2]. Le succès du classement du magazine américain *Fortune « 100 best companies to work for »* fait école. La Commission européenne a lancé en 2002 un programme sur « Les meilleures entreprises où il fait bon vivre ». Le magazine américain *Working mothers* sélectionne depuis 1986 les 100 meilleures firmes pour les femmes qui travaillent, en particulier celles qui mettent en œuvre la flexibilité des horaires, la promotion des femmes et les congés parentaux. En France, *L'ouvre-boîtes* publie des fiches sur les

---

1. Hervé Sérieyx, *Les jeunes et l'entreprise*, Eyrolles, 2002.
2. D'après un sondage publié par l'Anact (Agence nationale pour l'amélioration des conditions de travail) à l'occasion de la semaine organisée sur « La qualité de vie au travail » en mai 2005.

principales entreprises classées par secteur économique et comportant des rubriques comme : égalité professionnelle, employabilité, conditions de travail, évolution, qualité des relations, accès à l'information et à la formation internes. Le guide Prat, *Les clés du Cac 40, les entreprises à la loupe*, rapporte les pratiques des entreprises en matière de responsabilité sociale, et décrit leur politique à l'égard des jeunes et des femmes.

Le « genre masculin » évolue lui aussi, soumis à de nombreuses secousses. Progressant vers une conception, de la vie en général et de l'entre-prise en particulier plus proche de celle des femmes, on peut penser qu'il y aura moins d'hommes qui accepteront de payer le prix actuel pour arriver aux postes les plus élevés. Donc plus de ces postes pour les femmes qui en ont envie, plus de solidarité entre les uns et les autres et moins de coups bas pour les éliminer.

Au regard de la parentalité, les positions des jeunes parents se rapprochent également. De « *nouveaux pères* » sont nés. À la différence de leurs propres pères, ils assistent aux accouche-ments, ils donnent des biberons et changent leurs enfants (les grands-mères sont en admira-tion), les accompagnent (parfois) à l'école. Ils participent (un peu) plus aux tâches domesti-ques. Dans l'entreprise où, à la génération précédente, le sujet de la famille était tabou, on commence à entendre des patrons évoquer au bureau l'existence de leur femme, de leurs enfants. 40 % des pères susceptibles de profiter du congé parental en font la demande (conformément à la loi en vigueur depuis le 1er janvier 2001). Les pères séparés et n'ayant pas encore reformé de couple sont bien obligés de gérer seuls les week-ends, les vacances, les semaines alternées avec leurs enfants. Il y a même des pères qui les gèrent à plein-temps, tels le mari de Mercedes Erra, *« à la maison avec cinq garçons »*, ou celui de Marion Mazauric *« qui, tout en étant rugbyman, judoka, picador, faisait les doubles journées »* quand sa femme travaillait à Paris. Dominique Reiniche raconte à Martine Renaud-Boulart dans *Le management au féminin*[1] que ses deux conjoints successifs acceptaient de partager avec elle les tâches ménagères.

Peuvent mieux faire

Certes on reste loin, globalement pour le couple standard, de l'égalité dans le partage des fonctions domestiques (qui restent à 80 % en moyenne à la charge des femmes). Comme le souligne Dominique Méda dans *Le temps des femmes*[2], Monsieur et Madame jouent désormais tous les deux un rôle dans la production

---

1. Robert Jauze, Éditeur, 2005.
2. Flamarion, 2001.

économique, mais Madame effectue chaque jour le double de tâches ménagères. Cette répartition est d'autant plus ancrée qu'elle est ancienne et qu'elle est intériorisée autant par les femmes que par les hommes, explique Françoise Héritier dans *Masculin/Féminin*. Les valeurs qui ont été attribuées aux tâches dites féminines sont totalement discriminatoires. Les tâches domestiques ne sont pas considérées comme nobles si elles ne sont pas rémunérées et il faut deux fois plus de courage à un homme pour les accomplir et deux fois plus d'ouverture d'esprit si sa femme ne gagne pas d'argent ou en gagne moins que lui.

« Cuisiner ou puiser de l'eau ne sont pas des actes masculins, pratiquement partout dans le monde. Mais le faire de façon salariée est une activité masculine qui n'entraîne nul opprobre. La chasse est noble, non parce que c'est une activité noble, mais parce que c'est l'homme qui la pratique. »[1]

La revalorisation des tâches domestiques n'est pas encore au programme, mais il n'y a pas seulement des hommes alibis pour donner l'exemple. Les mentalités évoluent et les hommes finiront par les partager si les femmes insistent.

------

1. Tome 2 « *La pensée de la différence* », Odile Jacob.

6. Le pouvoir des femmes dans la société

> *« La question importante aujourd'hui et des années*
> *qui viennent, ne sera plus celle de l'accroissement*
> *de la performance de l'entreprise, mais celle de l'interaction*
> *entre l'entreprise et la société, car transformation*
> *de la société et transformation de l'entreprise*
> *sont indissociables l'une de l'autre. »*
> Didier Livio[1]

Pour l'entreprise moderne ouverte sur le monde entier, plus ses échanges avec son environnement sont riches, intenses, plus elle crée de la valeur. Elle multiplie les services pour des clients de plus en plus exigeants. Il y a belle lurette qu'il n'est plus question, à l'ère du *« client roi »* de décider à sa place ce qui lui convient comme au bon vieux temps où Ford pouvait déclarer que chaque Américain pourrait choisir la couleur de sa voiture, à condition qu'elle soit noire.

Même l'administration renonce à son autoritarisme et à imposer par exemple ses horaires à ses anciens *« usagers. »* Elle procède à des enquêtes de satisfaction comme tous les vendeurs de produits et de services obligés d'espionner les consommateurs, d'analyser leurs modes de vie, leurs humeurs, leurs comportements, par

---

1. *« Réconcilier l'entreprise et la société »*, Village Mondial, 2002.

départements marketing ou observatoires sociaux interposés, de vivre « *dans leur intimité* » pour les séduire en innovant sans cesse. Bref, les entreprises sont en prise directe avec la société et les évolutions de plus en plus rapides qui déterminent les choix de chacun dans un contexte de concurrence au couteau.

Or la majorité des clients sont des clientes. Non seulement la population féminine est aussi nombreuse que la population masculine, mais les femmes sont des arbitres incontournables en matière de consommation dans les pays développés (qu'il s'agisse de nourriture, de vêtements, d'éducation, de loisirs, de transports, et de plus en plus d'investissements immobiliers, d'épargne, …).

Elles ont gagné (péniblement) au fil du XXe siècle une autonomie croissante grâce aux conquêtes essentielles obtenues par plusieurs générations de femmes (et quelques complices masculins).

L'égalité au travail, un combat inachevé

Dans l'univers professionnel, elles sont sorties du « *pink ghetto* » des emplois de secrétariat et de service. Leurs combats changent de cible, c'est normal, au rythme des victoires remportées. Cela peut expliquer que l'égalité dans le monde du travail n'ait pas été revendiquée plus tôt. Les revendications féministes ne se sont pas concentrées en priorité sur le domaine professionnel. De même qu'elles ont tardé à se mobiliser sur l'égalité salariale. Comme l'explique Christian Baudelot, les femmes ont d'abord et surtout été animées d'un sentiment très vif d'émancipation dans le travail : « *J'ai un travail et un salaire, ce que ma mère n'avait pas* »[1], alors que les hommes identifient leur évolution à la progression de leurs conditions de travail et de leur salaire. Mais cela ne justifie pas que l'égalité soit si peu respectée. En 1983, la loi Roudy renforce l'égalité des droits et promeut des mesures positives pour favoriser l'embauche, la formation, la promotion et les conditions de travail des femmes. Le bilan s'est avéré plus que maigre. À la fin des années 90, le débat sur la parité en politique réactive la question de l'égalité hommes/femmes et le rapport Génisson (1999) débouche sur la loi Génisson (2001). Elle instaure l'obligation pour les entreprises, sous peine de délit d'entrave, de diffuser des indicateurs précis sur la situation des hommes et des femmes, et d'inclure l'égalité professionnelle dans la négociation sociale.

---

1. Christian Baudelot, *Quand les femmes s'en mêlent,* Éditions de la Martinière, 2004.

Le projet de loi sur l'égalité salariale est en deuxième lecture à l'Assemblée a été adopté fin 2005. Son ambition est en particulier de supprimer les écarts de rémunération dans les cinq ans.

Par ailleurs, la loi sur les nouvelles régulations économiques (NRE) de 2001, oblige les sociétés cotées sur un marché réglementé, à publier un rapport annuel sur les conséquences sociétales et environnementales de leur activité et leurs progrès annuels dans ces domaines. Dans la définition de la responsabilité sociale de l'entreprise (RSE) figure l'égalité professionnelle entre hommes et femmes.

Ces lois sont évidemment à l'origine, en France, de l'agitation des entreprises sur le sujet de la diversité depuis le début des années 2000.

Pour valoriser l'égalité entre les hommes et les femmes dans les entreprises, un Label Égalité a été mis en place, fin 2004 par le ministère de la Parité et de l'Égalité professionnelle. Il récompense l'exemplarité des pratiques des entreprises, administrations ou associations dont le dossier a été jugé recevable par l'organisme de certification AFAQ. Il s'agit de mesurer la progression des écarts de rémunérations entre hommes et femmes, dans les cinq ans, d'inciter au remplacement temporaire des salariés en

congé de maternité, d'augmenter le financement des gardes d'enfants. Le premier label a
été décerné à PSA – Peugeot – Citroën qui avait
signé avec six organisations syndicales un
accord sur l'égalité. Ce label semble surtout
intéresser pour l'instant les secteurs classique-
ment masculins qui se mettent à recruter des
femmes et les promotions aux niveaux les
moins élevés. Pourquoi pas un Label Égalité
pour les directions d'entreprises ?

*« Au XIXe siècle, la philosophe Gabrielle Suchon
définissait les trois bastions de la domination
masculine : la privation de liberté, la privation
d'accès au savoir et la privation d'accès aux postes de
responsabilités. »* Le premier et le second ont été
conquis, il faut conquérir le troisième.

Le plafond de verre :
juste quelques fissures

Les efforts pour briser le fameux *« plafond de
verre »* sont relativement récents. En 1986,
l'expression est utilisée pour la première fois par
deux journalistes du *Wall Street Journal* pour
désigner les barrières excluant les femmes des
niveaux hiérarchiques les plus élevés dans les
organisations : *« Le plafond de verre est l'ensemble
des obstacles visibles ou invisibles qui peuvent rendre
compte d'une certaine rareté des femmes en position de
pouvoir et de décision dans les organisations publiques,*

dans les entreprises, les associations et les syndicats. »[1]
À ce jour, seules 5 à 6 % des femmes ont pu le franchir si on considère les instances vraiment dirigeantes des entreprises : conseils d'administration, conseils de surveillance et comités de direction.

Rien d'étonnant à ce que les femmes n'aient pas encore fait exploser ce dernier obstacle sur le chemin des sommets. Il leur a fallu d'abord grimper marche à marche les voies de leur émancipation et l'essentiel a été gagné avec l'accès à la contraception, à l'éducation, au vote, à l'autonomie professionnelle. Elles ont pu faire la démonstration de leurs capacités professionnelles dans les quelques décennies passées, un moment à peine au regard de l'histoire multi-millénaire de la domination masculine.

L'entreprise socialement responsable

On ne voit pas comment l'entreprise pourrait, en total décalage avec la société, continuer à bloquer artificiellement l'accès normal aux hautes fonctions de responsabilité à celles qui le veulent (elles ne sont pas des masses) et qui *« le valent bien. »* Indépendamment de l'intérêt désormais avéré de leur contribution, comment l'entreprise

---

1. Jacqueline Laufer, *L'accès des femmes à la sphère de direction des entreprises : la construction du plafond de verre.* Rapport Dares, octobre 2003.

155

pourrait-elle se permettre de décourager, voire de braquer leurs salariées et leurs clientes de plus en plus sensibles et solidaires par principe sur ces questions ? Comment une entreprise qui se proclame « *citoyenne* », « *socialement responsable* », continuerait-elle – sans danger pour son image et sa survie – à afficher des assemblées de dignitaires aussi spectaculairement masculines et uniformes que la curie romaine ? Comment pourrait-elle continuer à ignorer la présence et le rôle des femmes dans une société où la résistance civile incarnée dans des mouvements mixtes de citoyens devient une véritable force ?

« *La désintégration du patriarcat s'explique par plusieurs facteurs : la montée des femmes à l'école et sur le marché du travail ; la contraception qui a permis la libération sexuelle ; la puissante onde de choc de mouvements sociaux culturels (féminisme et revendications homosexuelles). Le tout aidé par un monde en réseau où les structures pyramidales et hiérarchiques tendent à disparaître* », analyse Manuel Castells.[1]

Évidemment l'entreprise n'est pas seule en cause, comme le souligne François de Singly, sociologue : « *La maternité reste au cœur du système ; c'est la naissance des enfants qui creuse l'écart de carrière entre les hommes et les femmes. L'homme reste considéré comme le pourvoyeur de*

____

1. *L'ère de l'information*, Tome 2, *Le pouvoir de l'identité*, 1999.

156

revenus. Plus un homme a d'enfants, moins il est présent à la maison. Plus une femme a d'enfants, moins elle travaille à l'extérieur. »

Mais en fait ce n'est pas la maternité qui constitue la pierre de touche de l'inégalité, elle n'en est que le prétexte. Que les femmes enfantent n'induisait pas au départ le fait que les hommes se déchargent de toutes les tâches liées à la famille, et les mettent dans une situation de dépendance ; qu'elles allaitent n'entraînait pas automatiquement qu'elles soient chargées de cuisiner pour tous, comme le souligne Françoise Héritier. Aujourd'hui, ces tâches restent à 80 % l'affaire des femmes. Y compris pour la plupart des dirigeantes elles-mêmes. Bien qu'ayant les moyens d'utiliser des aides, elles restent majoritairement responsables de la gestion de la PME familiale. L'entreprise masculine, créée et organisée (notamment sur le plan des horaires) pour des hommes déchargés *a priori* des tâches domestiques et responsabilités familiales ne peut plus continuer à fonctionner sur ce modèle. Elle n'est pas fermée aux femmes, mais elle n'est pas adaptée aux rôles qui leur ont été dévolus.

La société patriarcale prend eau de toute part dans les pays développés. La famille, *« tout en restant le pilier des identités »*, *« Famille, je vous ai »*[1], joue les

---

1. Edgar Morin, *L'identité humaine,* Seuil, 2001.

recompositions et les configurations multiples. 115 000 divorces par an en France (essentiellement à l'initiative des femmes) pour 280 000 mariages. Le nombre des familles monoparentales a explosé (18 % en 2002 contre 10 % en 1982). 16 % des enfants vivant dans une famille monoparentale et 37 % vivant dans des familles recomposées habitent avec leur père[1]. Reste que 86 % des enfants habitent toujours avec leur mère. Dernière atteinte au credo patriarcal : la reconnaissance de l'homosexualité. Le coup fatal sera-t-il porté par la dégénérescence annoncée du chromosome *y* ou par *L'utérus artificiel*[2] que prévoit Henri Atlan dans son ouvrage ? Même si d'après lui ce n'est plus de la science-fiction, mais une vraie possibilité dans les vingt ans à venir, il est difficile d'en envisager les conséquences car cela permettrait non seulement aux femmes de se passer des hommes, mais aux hommes de se passer des femmes. Qui en a envie ?

DU FÉMINISME, TOUT DE MÊME

La fin du XXe siècle n'a pas signifié la fin des inégalités du sexe ni du sexisme… Les acquis ont cependant été considérables et même s'il devient un réflexe pour certaines femmes de déclarer : « *Je ne suis pas féministe, mais…* » Il

---

1. Chiffres-clés Insee, 2003.
2. Henri Atlan, *L'utérus artificiel,* Seuil, 2005.

est dommage d'assimiler – par simple méconnaissance – les féministes à un lot d'intellectuelles excitées (bien sûr).

« De manière pragmatique et condensée, le féminisme désigne l'ensemble des tentatives menées par les femmes pour leur reconnaissance, leur autodétermination, leur participation politique et le respect de leurs droits. L'objectif visé est double : d'une part la libération ou la liberté de décision et d'autre part la transformation fondamentale de la société et de son ordre des genres. »

C'est Michelle Perrot, historienne des femmes, qui parle. Comment ne pas adhérer en tant que femme à cette définition et ne pas réaliser tout ce qu'on doit à celles qui se sont battues pour obtenir des droits élémentaires ?

Les dissensions inévitables, humaines, qui jalonnent le mouvement, en particulier depuis les années 70, ne doivent pas occulter ses fondamentaux et sa portée générale.

En faisant court, on peut distinguer depuis les années 70, deux grandes tendances très simplement résumées par Janine Mossuz-Lavau et Anne de Kervasdoué dans *Les femmes ne sont pas des hommes comme les autres...*[1]

Au cœur des revendications féminines : être reconnues comme des **individus** à part entière (entendre : pas des sous-hommes) dotés exacte-

---

1. Odile Jacob, 1997.

ment des mêmes droits que les hommes… même si leur sexe biologique les différencie à la naissance et leur donne la capacité de procréer, ce qui a été le prétexte – pour contrôler cette capacité – de leur mise sous tutelle. Partout et toujours. À partir de là, les féministes se scindent en deux groupes (très schématiquement) :

– les *égalitaires* dont le discours est : puisque la différence biologique a entraîné la répartition sociale des rôles (et la dévalorisation des rôles féminins) et a été une source d'exploitation et d'inégalités, il faut refuser le discours sur la différence (rebaptisé idéologie naturaliste). *« Ce qui est essentiel, c'est l'unité du genre humain, la liberté de l'individu de se définir en dehors des stéréotypes et des catégories imposées »* ;

– les *différencialistes* qui mettent en avant le fait que dans la société patriarcale, l'universel étant l'univers masculin, il faut revendiquer la spécificité féminine, à la fois positive et subversive, et refuser de « mimer les hommes. »

Comme tous les pionniers et les contestataires, les féministes ont provoqué des prises de conscience, des innovations, généré des acquis et des déviations parfois extrêmes.

De nombreux rapprochements s'expriment actuellement et les jeunes françaises qui, tout en étant pour la plupart bénéficiaires, ne connaissent pas les écrits et les contenus des

luttes féministes, semblent faire spontanément la synthèse.

Janine Mossuz-Lavau et Anne de Kervasdoué,
qui ont interviewé une centaine de Françaises
« *ordinaires* », témoignent : « *Elles distinguent
entre les mauvaises et les bonnes différences, entre les
différences subies (traitement inégal dans les différents lieux et différentes activités) professionnelles,
domestiques et les différences revendiquées : leur
capacité à "faire naître", à se préoccuper d'autrui, à
être fortes, … »*

Les deux auteures concluent : « *Dans cette perspective, il convient de ne pas brader la notion de sexe
au seul profit du genre (les attributs sociaux du sexe),
inventé par les Américaines et qui tend à être de plus
en plus employé en France. Le genre renvoyant à la
construction sociale de la différence des sexes, le sexe ne
désignerait plus que l'aspect anatomique et biologique
de cette différence. On ne peut faire abstraction du sexe
proprement dit car quand tout le reste (la construction
sociale) évoluera, c'est ce qui restera. »*

Le mouvement « Ni putes ni soumises » qui
se bat pour la laïcité, dans le contexte actuel
de régression, revendique sa filiation féministe pour sa présidente Fadela-Amara,
« *Nous sommes les héritières des luttes féministes
des années 70, mais il y a des femmes
aujourd'hui qui ne peuvent pas jouir des libertés
acquises grâce à ces luttes, à cause d'une nouvelle*

161

> *forme d'obsemantisme islamique et d'intégrisme religieux.* »[1]

Les femmes ont obtenu des droits sociaux, politiques, économiques sous l'impulsion des féministes. Reste à les exercer pleinement.

---

1. *Libération,* 5 mars 2005.

PARTIE III

Comment accélérer
le mouvement ?

Parier sur les mutations profondes qui traversent ce début de XXIe siècle ne garantit pas un rythme de changement rapide dans l'accès des femmes au pouvoir. D'autant que toutes les résistances sont loin d'être vaincues. Il s'agit donc pour les femmes (et les hommes de bonne volonté) d'utiliser tous les moyens disponibles pour accélérer la conquête de l'égalité au niveau du pouvoir. Sans pour autant renoncer aux autres revendications féminines : leurs légitimités ne peuvent que se renforcer mutuellement.

1. Les réseaux, une solidarité active

*« Il arrive un moment dans la carrière où ce ne sont plus
les compétences et les qualités professionnelles
qui font progresser, même si elles sont indispensables.
C'est aussi le fait d'être exposé, connu, repéré.
C'est pourquoi les réseaux ont toute leur raison d'être. »*
Véronique Préaux-Cobti[1]

Les hommes cultivent depuis toujours les réseaux professionnels et sociaux, pour consolider et étendre leurs pouvoirs : des corporations et des guildes aux loges maçonniques, des associations d'anciens élèves aux clubs plus ou moins élitistes. Ils noyautent les processus de cooptation dans les entreprises et les partis politiques. Pour Carol Bellamy[2], *« les femmes sont moins politiques, moins opportunistes, incapables de dire oui si elles pensent non »*. Moins carriéristes, elles se donnent plutôt aux succès de l'entreprise qu'aux leurs. À la recherche du temps gagné,

----

1. Présidente du groupe Grandes Écoles au Féminin (GEF).
2. Directrice exécutive de l'UNICEF.

elles ont cru longtemps que s'affilier à des réseaux était du temps perdu : elles sont en train de découvrir leur efficacité pour changer les mentalités et le cours des choses. Les réseaux féminins, associations, clubs, cercles, syndicats, se développent actuellement en France et en Europe. S'y retrouvent les anciennes de telle université ou grande école, les salariées de telle entreprise ou, sur une base élargie, les diplômées des grandes écoles (Grandes Écoles au Féminin), les spécialistes d'un secteur professionnel (Inter-rElles pour les grandes entreprises technologiques), de la fonction publique, par pays ou à l'échelon européen (EuropeanPWN). Ces réseaux organisent des rencontres régulières, des conférences, des forums, des débats. De l'avis de celles qui les animent et de celles qui les fréquentent, l'appartenance à un réseau est un outil puissant de progression professionnelle.

La participation aux différents cercles du pouvoir organisationnel repose sur l'appartenance à des réseaux. La faible proportion des femmes dans ces réseaux est une des causes de leurs difficultés à franchir les plafonds de verre. *« Dans le cas des grandes entreprises, l'appartenance à un ou plusieurs réseaux a une incidence directe sur la capacité à se rendre visible et à obtenir le soutien de mentors. »* constate Jacqueline Laufer [1].

---

1. Jacqueline Laufer, Femmes et carrières, *la question du plafond de verre, Revue française de gestion*, n° 151, 2004.

Les réseaux de femmes leur permettent de sortir de l'isolement et de *« l'ère de la discrétion »*, selon l'expression de Jacqueline Laufer. Se rencontrer, partager leurs expériences sans rôle à jouer, sans statut à préserver, leur permet de prendre du recul par rapport à leurs problèmes individuels, de les dédramatiser, d'échanger des solutions, de puiser énergie et combativité dans cette proximité. Ils offrent la possibilité de porter les intérêts des femmes sur la place publique, de faire masse, à travers des manifestations médiatisées à d'autres périodes de l'année que la journée de la femme du 8 mars. Et d'interpeller les pouvoirs publics et les entreprises.

Des clubs aux tremplins

Les réseaux ont également une fonction d'observatoire et sont une source précieuse d'informations pour leurs membres. Plusieurs d'entre eux publient des études, des statistiques, des sondages significatifs et majeurs pour des prises de conscience partagées. Comme les études annuelles de GEF (Grandes Écoles au Féminin) en 2003, « La situation des femmes cadres dans les entreprises de France » et en 2004, « Le parcours professionnel des anciennes et diplômées des réseaux GEF. » Ou les études bisannuelles de EuropeanPWN sur les carrières et la compétitivité des femmes ainsi que des sondages, des inventaires comme celui des femmes dans les

167

conseils d'administration en Europe (2004) réalisé en partenariat avec Egon Zehnder.

Les réseaux renforcent la solidarité entre femmes, leur permettant de s'entraider, de se coopter, voire de coopter des hommes favorables aux femmes. Ils permettent à celles qui sont provisoirement absentes de l'entreprise pour des raisons familiales de maintenir des contacts avec le monde professionnel.

« Ils sensibilisent les pairs et les collègues à la question de l'égalité professionnelle », souligne l'étude de l'Apec[1].

Les réseaux féminins font enfin leur entrée dans le paysage. *« Quand j'ai créé mon association en 1998, cela a fait rigoler. On nous appelait "l'association des nénettes". Aujourd'hui, notre association est considérée comme un interlocuteur crédible dans la recherche d'idées. Il vaut mieux parler des questions de femmes de façon indirecte, management, amélioration de la performance, cela passe mieux plutôt que d'attaquer la question de façon frontale ; les réseaux font avancer le débat. »*[2]

« Depuis la sortie du Cahier sur "Le pouvoir au féminin" que nous avions consacré en 1998 aux femmes dirigeantes en entreprise, l'évolution la plus frappante me paraît être cette solidarité entre

---

1. « Cadres, le temps des femmes », mars 2005.
2. Agnès Arcier.

les femmes, leur insertion croissante dans des réseaux. Elles ont compris qu'ils étaient des supports indispensables de promotion de leurs compétences. »[1]

LES DIX RÉSEAUX QUI COMPTENT

European Professional Women's Network (European PWN). Créée en 1996 par Avivah Wittenberg-Cox, cette association a comme objectif de promouvoir la progression professionnelle des femmes à haut potentiel en Europe. Elle organise des déjeuners-débats animés par des personnalités, des ateliers, des séminaires, et des clubs sectoriels, publie des études et participe à un projet européen de coaching et mentoring sur le net.
http://www.parispwn.net

Grandes Écoles au Féminin (GEF) réunit des représentantes d'associations d'anciennes élèves de huit grandes écoles : Centrale Paris, ENA, ESCP-EAP, Essec, Hec, Insead, Les Mines, Polytechnique. Sa vocation est de constituer un observatoire des évolutions des femmes diplômées et de leurs parcours professionnels, de valider les argumentations pour l'accès des femmes à des postes à haute responsabilité et de fédérer les initiatives lancées par

---

1. Marie Rebeyrolle, Docteur en d'anthropologie sur l'entreprise, 2004.

les réseaux membres. GEF organise notamment des dîners, des formations et publie des études ciblées.

http://www.parispwn.net/gef/gef.html

Le Cercle InterElles, créé en 2001, a pour objectif d'échanger et partager les pratiques d'entreprises scientifiques et technologiques qui ont déjà un réseau actif de femmes : France Télécom, IBM, Essilor, … Là encore, le but est de favoriser les carrières des femmes et de proposer des actions encourageant la mixité. Le Cercle organise chaque année un colloque à l'occasion de la journée des femmes, le 8 mars.

http://www.parispwn.net/interelles/interelles.html

Arborus est une association créée en 1995 pour promouvoir la démocratie en Europe en valorisant le rôle des femmes dans les processus de décision. Arborus mène notamment des études comparatives européennes avec des pays partenaires, propose des formations pour aider les femmes à évaluer leur projet d'entreprise et avoir accès aux techniques de management. Ouvert également à celles qui souhaitent se lancer en politique.

http://www.arborus.org

Le Club HRM Women a été fondé en 1998 par la chasseuse de têtes Eliane Moyet-Laffon pour échanger et réfléchir sur l'évolution de la vie professionnelle des femmes. Ce club regroupe des femmes de formation supérieure ayant des responsabilités dans leur entreprise. Il propose notamment des déjeuners-débats, des conférences dans les grandes écoles et collabore avec la direction des RH de certaines entreprises où il suggère des mesures pour améliorer l'accession des femmes aux postes de direction. http://www.clubwomen.org

Action de femme. Créée en 1997 par l'expert-comptable Tita Zeitoun pour promouvoir la présence des femmes au sein des conseils d'administration. Cette association répertorie en particulier les femmes administrateurs des sociétés cotées en Bourse. http://www.actiondefemme.fr

Dirigeantes est une association qui a pour vocation de favoriser l'entreprenariat féminin. Elle rassemble des femmes dirigeantes, organise des groupes de travail et de réflexion, des rencontres entre membres et des « maillages » tous les deux ans, des conférences internationales pour valoriser l'entreprenariat féminin. http://www.dirigeantes.com

Administration Moderne (Feminad) est une association de femmes hauts fonctionnaires qui milite pour la réforme de l'administration et l'utilisation de qualités réputées plus féminines dans son management. L'association organise des débats mensuels avec des personnalités, des rencontres avec des politiques ou hauts fonctionnaires, des groupes de travail, sur la gestion du temps notamment.

http://www.feminad.com

Cyber Elles est un réseau professionnel féminin des technologies de l'information et de la communication. Son objectif est de regrouper des femmes qui occupent des postes à responsabilité dans le domaine : cadres, indépendantes, chefs d'entreprises ou en cours de création de société. Les « *Cyber Elles* » se réunissent pour partager leurs contacts, échanger leurs expériences, débattre, etc.

http//:www.cyber-elles.com

Women's forum for the economy and society. C'est le dernier-né des réseaux, sous les feux des médias en octobre 2005 à Deauville, à l'initiative d'Aude Zieseniss de Thuin et en partenariat avec trente entreprises multinationales et françaises prestigieuses. Sa première conférence annuelle, qui a réuni 550 participants venu(e)s du monde entier (dont 75 % de femmes exerçant des responsabilités dans le monde politique, économique et social) a mis d'emblée en évidence la volonté des fondatrices – toutes des dirigeantes – de constituer et d'ancrer sur le long terme un puissant lobbying international en faveur de l'accès des femmes à toutes les fonctions et dans tous les domaines. Aude Zieseniss de Thuin a annoncé la création d'un « *Women's Institute* » (en partenariat avec Bain & Cie et l'Essec), destiné à promouvoir la vision des femmes sur l'économie et la société grâce à la réalisation d'études et de baromètres internationaux. Simultanément l'association 1901 « Force Femmes » a vu le jour, pour accompagner les femmes de plus de quarante-cinq ans dans leur recherche d'emploi ou dans la mise à disposition de leur expérience au service de la collectivité. Et en leur proposant notamment d'être tutorées au sein d'entreprises partenaires. L'association est présidée par Véronique Moralie, directrice générale déléguée FIMALAC. http://www.womens-forum.com

◯ Avivah croit au leadership bilingue

Avivah Wittenberg-Cox est directrice de Diafora, et fondatrice du réseau EuropeanPWN.

« Les femmes sont des immigrées de deuxième génération. »

Quand Avivah Wittenberg-Cox arrive en France à dix-neuf ans, cette Canadienne-Française-Suissesse née à Toronto débute comme ingénieur informaticienne, puis suit un cycle l'Insead où elle mène une recherche sur les carrières effectuées par les anciennes et leurs époux. Elle découvre alors la complexité de l'ambition au féminin. En 1996, elle crée le réseau de femmes EuropeanPWN (*European Professional Women's Network*). *« Les réseaux professionnels de femmes sont indispensables pour comprendre, échanger, acquérir le courage et la patience nécessaires pour franchir les obstacles.* » Puis elle fonde Diafora, organisme de conseil « *pour une entreprise bilingue : qui parle homme et femme. Nous sommes dans une phase de transition dans la conquête des postes de décision par les femmes. Nous sommes des immigrées de deuxième génération. Nous sommes efficaces mais pas encore tout à fait à l'aise.* »

Les Françaises ont de la chance

Pour Avivah Wittenberg-Cox, malgré leurs difficultés, les Françaises sont chanceuses car elles vivent dans un pays où il est devenu normal que les femmes mènent de front carrière et famille, avec des lois spécifiques, des congés de maternité, des crèches, etc. « *Nul autre pays a réussi aussi bien à normaliser l'idée de mères qui travaillent à plein-temps. En Allemagne, les enfants n'ont pas classe l'après-midi. Le gouvernement essaie de renvoyer les femmes au foyer.* »

Et aux États-Unis ou au Canada, si le taux des femmes dans les postes de dirigeants est plus élevé qu'en France, la situation est loin d'être idéale. « *Les Américaines se battent âprement depuis bien plus longtemps. Pour progresser, elles ont dû souvent choisir : famille ou carrière.* » Et les rapports entre les sexes sont différents. « *Dans les pays anglo-saxons, les hommes ont peur des femmes alors que dans les pays latins, les hommes, même s'ils sont machos, développent des côtés féminins. Et ils aiment les femmes.* » Avivah Wittenberg-Cox admire les

Françaises qui sont tout à la fois « *belles, mères, compétentes et différentes des hommes, avec une vraie valeur ajoutée… Elles ont une énergie et une intelligence folles.* » Mais beaucoup de femmes à travers le monde restent réticentes face au pouvoir. « *Elles ont même du mal à prononcer le mot. Elles préfèrent le mot influence. Mais pour avoir le pouvoir, il va bien falloir le vouloir.* »

Les angoisses de la trentaine

Pour Avivah Wittenberg-Cox, la trentaine est une phase critique. « *C'est le choc culturel. Tout se joue. On se marie, on fait des enfants et en même temps, on est censé être identifiées parmi les viviers à potentiels. C'est là que les femmes doivent se faire aider, se faire coacher, comprendre qu'elles peuvent tout avoir. Mais pas en même temps !* » Elles doivent se projeter dans l'avenir, trouver des systèmes efficaces pour concilier au mieux leurs différentes contraintes. « *On dit qu'à trente-cinq ans tout est joué. Ce n'est pas totalement vrai mais il faut en tenir compte. L'entreprise devrait faciliter l'organisation du travail, prévoir les promotions en fonction des périodes de grossesse. Il ne faut pas rater ce tournant. Ensuite, à 40 ans, on est dans la phase d'affirmation de soi, dans la consolidation.* » Les femmes qui veulent réussir professionnellement doivent intégrer les 3 P : vie « *Perfessionnelle* » (rythmer et gérer ensemble les vies personnelle et professionnelle), comprendre comment marche le « *Pouvoir* » (réseaux, etc.) et reconnaître l'importance cruciale du choix des « *Partenaires* » (l'époux à la maison et responsable de l'entreprise pour lequel on travaille). Elles doivent aussi mieux communiquer sur ce qu'elles sont et mieux gérer leur image. Pour évoluer, les femmes ont besoin des hommes. Beaucoup d'entre eux sont des alliés. Et les entreprises en France commencent depuis peu à faire des efforts : GE, IBM, HP, Schlumberger, … « *C'est récent par rapport aux États-Unis, donc il y a encore peu de résultats concrets. Mais je suis optimiste car la fameuse courbe démographique joue en notre faveur. Il faudra intégrer les femmes aux postes de décision et on ne pourra maintenir vers le bas les cohortes de diplômées.* »

CV

44 ans.
Informatique et lettres (université de Toronto), MBA (Insead), Women's Leadership Program (Harvard).

Avivah Wittenberg-Cox est coach certifiée. Elle a été ingénieur informatique et consultante en management, avant de créer une société de conseil en communication internationale, puis EuropeanPWN (www.europeanpwn.net) et en 2000, Diafora (www.diaforaconsulting.com), société de conseil pour les entreprises « *qui s'inté-ressent à promouvoir l'autre moitié du talent et à servir l'autre moitié du marché* ».

2. Les initiatives des entreprises

> *« La diversité en termes de culture et de savoir est une source de valeur. Plus une firme diversifie ses sources de connaissances et de sensibilités, plus grande est sa capacité de répondre aux changements de son environnement et de ses marchés. Il y a une corrélation vérifiable entre la diversité des équipes de management et la performance financière de l'entreprise. »*
> Mark Hunter[1]

Les employeurs confrontées à l'évolution du marché recrutent de plus en plus de femmes y compris dans les secteurs réputés masculins comme l'automobile, le BTP, l'armée, la police, l'aéronautique, etc. On ne s'étonne plus que ce soit une femme, Eileen Collins, qui ait été chef de bord de la dernière navette spatiale américaine (juillet 2005). Bastion masculin s'il en est, on compte déjà 350 femmes chefs d'orchestre dans le monde. Les hommes prennent progressivement conscience des contributions qu'apportent les femmes en termes de changement et de performance. Mais cela continue à bloquer au sommet. Comme l'illustre la formule de la CFDT : *« Les femmes dans l'entreprise, c'est comme l'oxygène, plus on monte, moins il y en a. »* Elles qui représentent en effet presque la moitié de la population active ne fournissent que 30 % des cadres d'entre-

---

1. Mark Hunter, *Gender diversity*, Insead Quartely, mars mai 2005.

prise, 6 % des membres des CA, 5 % des membres des comités de direction des grandes entreprises. Sur les 40 sociétés du CAC, 26 ont au moins une femme dans leur CA et 14 n'en ont aucune. Pas de femme PDG d'une des entreprises du CAC 40[1]. La situation est à peine plus brillante dans les 200 premières entreprises européennes où les Conseils d'administration ne comptent que 8 % de femmes. En ce qui concerne les entreprises d'origine française de cet échantillon, 40 % n'ont pas de femmes dans leur comité de direction et 60 % seulement en ont au moins une. 24 % des femmes qui siègent dans les organes de direction font partie de la famille des propriétaires et 20 % sont des représentantes des syndicats[2].

Ce qui est bon pour les femmes est bon pour l'entreprise

De nombreuses études montrent que les résultats d'une entreprise sont d'autant meilleurs que le taux de féminisation est important. Ainsi Catalyst, organisme américain de recherche et de conseil aux entreprises, a réalisé des études sur tous les aspects de la progression des carrières des femmes. Son enquête 2004, sur la base des 353 premières entreprises des « 500 » du magazine *Fortune*, fait ressortir la

---

1. Enquête annuelle d'Action de Femmes.
2. EuropeanPWN BoardWomen Monitor, mai 2004.

corrélation entre la présence de femmes aux postes de décideurs et les performances financières. Les sociétés qui ont un pourcentage élevé de femmes dans leur top management ont en moyenne un retour sur investissement de 35 % et un bénéfice par actionnaire de 34 % supérieurs à ceux des entreprises dont les instances de directions sont moins féminisées. Le centre *« for developping women business »* de l'école de management anglaise de Cranfield publie chaque année *The FTSE (Financial Times Stock Exchange) Female Index* : les firmes qui ont au moins un administrateur femme ont un retour nettement supérieur à celles qui n'en ont pas.

De même quelques travaux récents devraient mettre fin à plusieurs idées toutes faites comme l'enquête conduite par Ipsos pour le GEF en 2005 sur « L'ambition au féminin. »[1] Sur les 2 636 anciens élèves des grandes écoles (34 ans en moyenne) qui ont répondu au questionnaire : 81 % ont choisi leur formation pour faire la meilleure carrière possible, 97 % sont actives, 88 % travaillent à plein-temps, 63 % gagnent la moitié ou plus des revenus du foyer, 88 % travaillent 50 heures par semaine, 71 % effectuent au moins quatre déplacements

---

1. « L'ambition au féminin » : les parcours professionnels des anciennes diplômées des réseaux GEF (Centrale, ESCP, EAP, ESSEC, HEC, INSEAD, École des Mines, des anciennes de l'École polytechnique), 2005.

professionnels par mois, 98 % ont un partenaire actif au foyer, et qu'elles aient ou non des enfants, la réussite pour elles est majoritairement la réussite professionnelle (61 % pour les femmes qui ont des enfants – elles sont 45 % de l'échantillon – et 63 % pour les autres).

On apprend aussi qu'en dehors des congés de maternité, les femmes s'absentent moins que les hommes de l'entreprise.

Par ailleurs, citoyens et consommateurs exercent une pression de plus en plus vigoureuse sur le comportement des entreprises. Et leur demandent des comptes. Elles sont donc obligées d'être très vigilantes sur leur réputation. Mercedes Erra constate que les consommateurs sont davantage angoissés par l'avenir, la dissolution des liens sociaux, le décalage de la politique avec leurs vraies préoccupations, et que pour avoir le sentiment d'agir, ils utilisent désormais leur pouvoir sur l'entreprise chaque fois qu'ils le peuvent. Ils veulent non seulement connaître l'origine et la composition de ses produits et de ses services mais aussi ses pratiques en matière de ressources humaines et de diversité. La dimension éthique intervient dans leurs choix.

Simultanément, les actions des pouvoirs publics auprès des entreprises en faveur de la diversité et de la parité se multiplient.

D'après l'enquête effectuée en 2003 par GEF et Accenture « Femmes cadres, quelles perspectives de carrière ? », 93 % des entreprises reconnaissent l'existence de freins à la carrière des femmes et 70 % se disent décidées à agir pour y porter remède. Plus concrètement, 73 % se déclarent prêtes à augmenter la proportion des femmes dirigeantes. Cette étude identifie trois types de démarches déjà engagées au sein de l'échantillon étudié (60 entreprises leaders parmi les 300 premières françaises). 54 % d'entre elles mènent des actions de soutien logistique pour faciliter le quotidien des femmes avec la mise en place de services divers sur place (crèches, teinturiers, coiffeurs, conciergerie, etc.). Mais aussi et surtout elles proposent des aménagements du temps de travail, la fourniture d'outils de télétravail, un accompagnement lors des départs et des retours de maternité, le lancement de réflexions sur le contrat cadre/entreprise et des primes d'expatriation pour aider au déplacement des enfants et du mari. Par ailleurs, 25 % d'entre elles gèrent des actions de « *mise en situation* » des femmes par le biais de coaching, de mentoring, d'encouragement au marketing personnel. Enfin, 21 % sensibilisent et forment les recruteurs et les managers mâles à l'apport spécifique des femmes pour éviter qu'ils ne recrutent toujours les mêmes profils. Ce que pointe Patrick Fauconnier dans son ouvrage *La fabrique des meilleurs*[1], où il traite du système de fabrication français de l'élite *« qui fonctionne comme une raffinerie excluant les non-conformes et clonant des profils doués pour l'abstraction. »*

Les firmes américaines que leur melting-pot a rendues vigilantes aux questions de diversité, ont été les premières à investir dans le recrutement et la promotion des femmes, dans une logique de *« discrimination positive »*. Ce sont elles qui ont donné le *« la »* à leurs filiales en Europe et en France, en nommant des directeurs de la diversité européens ou des directeurs des talents. En veillant à ce que les programmes de la maison mère soient déclinés et adaptés. La patrie des droits de l'homme (et sans doute pas de la femme) est généralement considérée comme une très mauvaise élève.

Les pionnières

Ainsi IBM, temple d'une monoculture, bastion masculin d'ingénieurs, s'intéresse à la diversité depuis 1993, comme l'explique Françoise Gri, directeur général d'IBM France : *« C'était alors une période de crise où IBM a réalisé qu'elle perdait*

---

1. Seuil, 2005.

le contact avec ses marchés et décidé de différencier ses profils. »[1] Plusieurs initiatives ont été prises à l'échelon mondial : la rédaction d'une charte de l'égalité, la mise en place d'un système de discrimination positive, la création d'un réseau de 250 femmes qui favorisent les promotions féminines, des formations pour aider les managers à développer des modes de gestion plus diversifiés. Bilan pour la France en 2003 : 27 % des employés, 26 % des cadres et 14 % des dirigeants sont des femmes. Françoise Gri remarque au Women's forum que *« les mâles blancs ont tendance à recruter des mâles blancs et la diversité est un avantage compétitif mais pas naturel »*. Pourtant, *« à IBM, la mentalité a vraiment changé. La position des femmes n'est plus fragile mais la diversité ne s'improvise pas et se nourrit en permanence »*.

Quant à Hewlett-Packard France, elle a mis en place son programme diversité en 1994, en anticipant la demande de son siège américain et pour éviter de se faire imposer un modèle inadapté à la culture européenne. Ce programme, placé sous la responsabilité de Véronique Bouhafs-Blanchard, directrice des sites internationaux d'HP en France, se base sur une étude de la sociologue Jacqueline Laufer pour qui les principaux freins à l'accès des

---

1. Dans l'ouvrage de PWN, *Femmes et carrières : une nouvelle opportunité stratégique,* 2005.

femmes à des postes à haute responsabilité sont le rapport au temps et l'absence de réseaux et de modèles. D'où la mise en œuvre du « *job sharing* », où deux personnes se partagent le même poste. L'intérêt est la possibilité d'associer un job à responsabilité et une évolution professionnelle avec un temps partiel. C'est notamment le cas de quatre femmes membres des comités de direction Télécom-Monde et RH-Europe. « *Le gain d'efficacité est à la fois dans le partage transparent et structuré des informations et dans le fait d'avoir deux approches différentes des problèmes. Un des directeurs généraux déclare d'ailleurs : "J'ai deux cerveaux pour le prix d'un."* », relève Véronique Bouhafs-Blanchard.

Par ailleurs, HP favorise la création de réseaux de femmes en interne, propose des formations sur le leadership et du mentoring. Résultats : HP en France compte 20 % de femmes managers (tous niveaux confondus) contre 6,5 % en 1994, date de la mise en place du programme diversité. Plus précisément, 20 % des directeurs sont des femmes, contre 2,5 % en 1994, avec 15 % aux postes « *executives* » (au-dessus de directeur). « *Ce qui est déjà bien dans un milieu où les femmes ne représentaient initialement que 15 % des diplômés des écoles d'ingénieurs.* » La hausse se poursuit mais elle est freinée par la réduction actuelle des effectifs chez HP.

Un frémissement dans les entreprises françaises

La majorité des branches françaises des firmes internationales s'agitent surtout sur le sujet depuis le début des années 2000 où le dispositif législatif français s'est renforcé : Accenture, Alcoa, Barklays Bank, EADS, Price Waterhouse Coopers, Richemond, entre autres, ont initié des programmes spécifiques, comme on a pu le constater au Women's forum de Deauville (octobre 2005). Plusieurs sociétés françaises qui se disent conscientes de la valeur de l'apport des femmes à la réussite de l'entreprise ont évoqué leurs projets : nivellement des inégalités, identification et accompagnement des potentiels, fixation d'objectifs. Parmi elles, la Fnac, Havas, La Poste, Orange, la RATP, Sanofi Avantis, Suez, Total Fina Elf… La plupart, quelle que soit la proportion d'hommes et de femmes dans l'entreprise et tout en faisant des efforts de féminisation aux niveaux intermédiaires, n'ont qu'une ou pas de femme du tout dans les organes de direction. Les patrons ne prennent pas de grands risques en s'engageant à en doubler le nombre pour l'année prochaine. Même une entreprise comme l'Oréal, particulièrement sensible à toutes les formes de diversité (genres, ethnies, générations), n'a qu'une femme à son comité de direction !

Il ne faut néanmoins pas sous-estimer les premiers efforts, même modestes, des entreprises, ni se méfier de leur médiatisation. La communication interne et externe joue un rôle d'aiguillon indispensable. Le processus rappelle celui de l'adhésion au développement durable. On nomme d'abord un(e) responsable, on affiche des chartes standard, puis on rédige des rapports formels, pour répondre aux contraintes législatives. Mais, ce faisant, l'entreprise a mis le doigt dans l'engrenage, comme le constate Élisabeth Laville, auteure de *L'entreprise verte*[1]. Si des progrès réels ne sont pas régulièrement affichés et constatés, elle s'expose aux critiques de son environnement, à la mauvaise humeur de ses clients, voire à des actions de boycott des consommateurs, comme c'est le cas aux États-Unis. Ce pourrait être la même chose pour la mixité à tous les niveaux dans l'entreprise.

L'indispensable essaimage

Les bonnes pratiques, même si elles sont éparses, ne manquent pas. Reste à les diffuser. Ainsi Deutsche Telekom organise des journées ou des déjeuners collectifs où les dirigeants dialoguent avec des jeunes femmes à potentiel dont ils peuvent apprécier la qualité professionnelle dans un contexte informel. Des femmes et des hommes, jeunes ou moins jeunes, entrants

----

1. Élisabeth Laville, *L'entreprise verte*, Village Mondial, 2005.

ou anciens, sont *« mentorés »* par des collègues femmes qui leur font partager leur vision de l'entreprise. Hema Ravichandar, vice-patronne du développement des ressources humaines de l'entreprise indienne Infosys, raconte que sa firme met sur l'intranet du personnel toutes les *success stories* de femmes identifiées dans les médias. Quant à Orange France, elle *« neutralise »* l'impact des congés de maternité en accordant des augmentations sans tenir compte du temps d'absence et veille de près à la détection et à l'accompagnement des potentiels féminins. Didier Quillot, PDG d'Orange France, qui a nommé deux femmes dans son comité de direction, raconte que lorsqu'il a mis en place une crèche, ce sont des pères qui sont venus le remercier. Toutes les femmes dirigeantes insistent sur la nécessité *« d'éduquer »* les hommes, à la maison et dans l'entreprise.

Pour encourager les efforts des entreprises, on pouvait, semblait-il, compter sur la pression des agences de notation sociale qui identifient les indicateurs sur la proportion hommes/femmes à tous les niveaux dans l'entreprise pour les faire figurer au bilan social. Or d'après Geneviève Ferone, directrice générale de BMJ CoreRatings (agence de notation extra-financière), *« ces indicateurs se sont dilués depuis deux ans dans une note globale sur la diversité, incluant donc l'insertion des salariés d'origines ethniques différentes et pas seulement de sexes différents, dans l'entreprise, les comités de direction et les conseils d'administration.* » Mesurer la prise en compte de la diversité des salariés est certes important mais ne renseigne pas sur l'égalité hommes/ femmes. « *L'égalité des chances se concentre sur un groupe d'individus, les femmes par exemple, ou une ethnie donnée. La diversité, quant à elle, vise à ce qu'une structure soit à l'image de la société et donc des marchés dans lesquels elle évolue.* »[1] Fondre les femmes dans la diversité risque de les y noyer.

Une quarantaine de grandes entreprises ont signé la Charte de la diversité mise au point par l'Institut Montaigne (rapport de Claude Bébéar à Jean-Pierre Raffarin, novembre 2004) en partenariat avec le Centre des dirigeants des jeunes entreprises, l'Association nationale des directeurs et des cadres de la fonction du personnel (ANDCP), l'Institut de Mécénat de solidarité (IMS) et Entreprise et Personnel, s'engageant à refléter la diversité de la société française (femmes et immigrés !) « *au niveau de l'embauche, de la formation, de l'avancement et de la promotion.* » Les signataires de la Charte sont tenus de rapporter au bilan social annuel la liste des actions menées. Ils indiquent que « *cette promesse est importante mais elle ne suffira pas. Nous devrons trouver les moyens d'une évaluation fiable*

---

1. Nathalie Lavigne, ORSE, rapport, *L'accès des femmes aux portes de décision dans les entreprises*, 2004.

pour mesurer l'efficacité des pratiques mises en œuvre. » À suivre donc !

Les objectifs quantitatifs sont indispensables même si, comme le soulignent de nombreux acteurs, ils sont assortis d'effets pervers. Ils suscitent des doutes ou plutôt des réflexions péjoratives sur la compétence des femmes *« qui auraient été promues pour se conformer aux engagements chiffrés. »* Ils réactivent la querelle sur les quotas qui apparaissent à certaines femmes comme une validation de leur infériorité (c'est l'éternelle querelle entre les différencialistes et les universalistes). Mais on n'a encore rien trouvé de mieux dans la difficile marche des femmes vers l'égalité que de la *« forcer. »* Seul le résultat compte. Certes le mot quota irrite, rend les femmes *« nerveuses »* comme le dit Françoise Gri, d'IBM. Mais il est plus insupportable à une partie des femmes *« arrivées »* qu'aux jeunes potentiels. Bon alibi pour les dirigeants qui ne veulent pas *« blesser les sensibilités »* en l'évoquant. Les Norvégiens ont moins d'états d'âme. Ils viennent de voter une loi qui impose un quota de 40 % de femmes dans les conseils d'administration des grosses entreprises : une mesure unique au monde. Victor Norman, professeur et ministre du Travail norvégien, qui a soutenu la loi, déclare que *« la meilleure façon d'introduire des innovations dans le business norvégien est d'introduire du sang nouveau dans des instances de décision dont tous les membres ont la même éducation, les mêmes réseaux et les mêmes opinions. »*

Comment avancer si on ne se fixe pas d'objectifs chiffrés comme l'ont rappelé Denis Olivennes, président de la Fnac et Mercedes Erra au Women's forum ? Exemple à suivre, celui de Schlumberger qui s'est fixé un objectif de 20 % de femmes à tous les niveaux de la hiérarchie et demande à ses managers de veiller à en recruter 40 % par an pour élargir le vivier de *« potentiels. »*

Des dirigeantes volatiles

Attirer les femmes de talent, les promouvoir, accepter qu'elles deviennent des dirigeantes, c'est bien. Mais il faut aussi les retenir. Beaucoup de chefs d'entreprises se plaignent qu'elles s'évaporent dans la nature à n'importe quel moment de leur carrière et même lorsqu'elles sont au sommet. Il est vrai qu'elles peuvent décrocher pour des raisons d'équilibre de vie, mais c'est aussi et surtout par lassitude de devoir se battre pour progresser. Elles aspirent à concentrer leur énergie sur des réalisations, souvent dans un climat moins destructif que celui de leur entreprise mais elles n'ont pas pour autant tellement envie de rester chez elles contrairement à ce qu'on raconte.

On ne retient pas les femmes avec les mêmes carottes que les hommes. *« Le fait est que le package qui attire les hommes de talent, du type salaire élevé + contrat de bonus + stock-options + voiture de fonction + notes de restaurant, est à côté de la plaque pour les femmes qui préfèrent des crèches, du temps flexible (pas un temps réduit) et une carrière flexible, moins linéaire »*, explique Margaret Milan. Sachant, comme le souligne Dominique Méda dans *« Flexibilité et performances »*[1], que la flexibilité souhaitée par les parents de jeunes enfants n'est pas celle qu'exigent souvent les impératifs de production. Ce sont des aménagements du temps de travail que souhaitent les femmes. Elles veulent aussi un climat et des pratiques plus pacifiques. Les femmes contribuent à humaniser l'entreprise et elles quitteront moins facilement une entreprise réellement plus humaine. Entendre : une entreprise où davantage de femmes auront de l'influence.

Toute l'organisation est concernée, il n'y aura pas de progression en collant seulement quelques rustines *« diversité »* par-ci par-là. Il s'agit, comme le dit Jacqueline Laufer, *« de modifier en profondeur les processus visibles et invisibles qui structurent les relations de pouvoir et déterminent l'accès aux postes de décision. »* L'ensemble des normes organisationnelles doit être revu : débriefing

---

1. Colloque DARES 2003.

des recruteurs et libellés des annonces d'emploi ; modes et critères de sélection ; procédures d'insertion ; rythme de travail et rythme de la carrière ; gestion individualisée et révision des méthodes d'évaluation. Il n'est pas seulement question de gestion des RH, bien qu'elle soit en première ligne, mais de privilégier l'égalité dans toutes les décisions et d'en mesurer rigoureusement les progrès.

COACHING, MENTORING, FORMATION

Au palmarès des techniques utilisées pour faire évoluer les mentalités des femmes et des hommes dans l'entreprise : le coaching, le mentoring, la formation.

« *Le coaching* », résume Avivah Wittenberg-Cox « *permet de formuler l'informel.* » Il fournit aux femmes qui vivent une période charnière de leur vie professionnelle et personnelle, car les deux vont souvent de pair, la possibilité de mettre de l'ordre dans leurs aspirations, souvent contradictoires, de se poser les bonnes questions, de renforcer leur confiance en elles, et de découvrir comment elles sont perçues, quelle image elles donnent d'elles, ce qu'elles valent réellement, souvent plus qu'elles ne le croient. Enfin, elles peuvent mieux cerner si elles sont prêtes à payer le prix de leur choix, et construire leur plan de développement personnel.

« *Le mentoring ou parrainage interne* », poursuit la fondatrice du réseau PWN, « *est un transfert d'expérience, réciproque.* » Pour faire évoluer la culture, ce sont souvent des femmes qui servent de mentors aussi bien aux jeunes hommes qu'aux jeunes femmes. Certaines entreprises, telles Barklays Bank (France), incitent également les membres de la direction, essentiellement masculine, à mentorer chacun une jeune femme à potentiel en espérant « *que les chefs évolueront* ». Il y a seulement une femme au comité exécutif, mais c'est elle qui pilote le programme diversité. Elle veille notamment à ce que la revue des managers prenne équitablement en compte des cas féminins.

Dans le domaine de *la formation*, plusieurs grandes écoles, conscientes que les entreprises ont plutôt tendance à financer des MBA à leurs jeunes potentiels masculins et que les jeunes femmes hésitent à se lancer dans ce type d'aventure, ont créé des programmes qui leur sont destinés. Deux exemples :

– en 2004, à l'initiative de Viviane de Beaufort, directrice académique de l'Executive MBA Essec-Manheim et après une réflexion collective sur les raisons du petit pourcentage de femmes dans les programmes dirigeants (25 %), les responsables du programme ont pris des engagements pour attirer les femmes : on les convie notamment à des journées préparatoires, on leur donne des arguments pour négocier le financement du MBA par leur entreprise, on les accompagne plus particulièrement tout au long du cursus. Isabelle de Beaufort constate déjà : « *Les hommes coopèrent plus facilement ce qui est essentiel dans le programme Executive. La présence de femmes permet la facilitation des interactions et une meilleure organisation des travaux en équipe.* »

— l'Insead, à Fontainebleau, a conçu un programme de formation intensive de trois jours, destiné aux femmes qui exercent des postes de responsabilité en entreprise. Ce module baptisé « *Women leading change in global business* » est animé par Herminia Ibarra, professeur de comportement organisationnel : s'y pratiquent jeux de rôle, travaux de groupe, exposés, coaching développement personnel, leadership, travail sur les changements macroéconomiques qui affectent les entreprises.

QUELQUES PROGRAMMES DIVERSITÉ POUR FAVORISER LA PROGRESSION DE CARRIÈRE DES FEMMES

Accenture

7 % des associés sont des femmes. 30 % des recrutements sont féminins.

Accenture a mis en place en 2000 un programme « *Accent sur elles* », dirigé par Armelle Carminati-Rabasse, directrice des programmes leadership et diversité pour Accenture Europe : coaching pour sensibiliser les femmes sur la gestion de leur carrière et les aider à franchir les périodes charnières de leur vie professionnelle, organisation de groupes de travail et développement de réseaux, y compris externes. Depuis 2003, les hommes sont associés à ces démarches.

Total

18 % de cadres, 15 % des hauts potentiels et 6 % des cadres dirigeants sont des femmes.

Entreprise très masculine, Total a créé un conseil international de la diversité en 2004 qui a notamment fait accepter en 2005 dix recommandations au comité exécutif mondial : parmi celles-ci, l'analyse des freins à la carrière des femmes, des mesures en faveur d'un recrutement plus diversifié et la sélection des hauts potentiels, avec la créations d'indicateurs.

Deloitte & Touche France

50 % de l'effectif, 15 % des associés sont des femmes, et 30 % des recrutements sont féminins.

Chez Deloitte & Touche France, le programme diversité a été inclus dans celui sur les RH intitulé *« Une autre idée de la relation »*. L'objectif est d'identifier les freins à l'évolution de carrière des femmes et de les aider à les surmonter.

EADS France

17 % de femmes dans l'effectif et 19 % des recrutements féminins.

Les femmes ne constituent que 14 % de la population active du secteur aéronautique. EADS est un des leaders mondiaux du secteur aéronautique, espace, défense et services associés. L'entreprise craint une rupture au niveau du recrutement en raison de la raréfaction des jeunes diplômés et de l'expansion de ce secteur. D'où l'objectif de recruter au moins 20 % de femmes dans chaque catégorie professionnelle d'ici la fin 2006, d'augmenter la rémunération et la promotion de femmes pour rattraper les écarts et lutter contre le plafond de verre. EADS a obtenu le Label Égalité en 2005.

Xerox France

19 % de femmes dans l'effectif, 20 % des cadres femmes et 38 % des recrutements féminins.

Xerox France a créé le club X'Elles en 2004 pour favoriser l'évolution des femmes dans l'entreprise. Premier objectif : augmenter les candidatures féminines. Car plus il y aura de femmes recrutées, plus elles seront nombreuses dans l'encadrement. Or seules 20 % des candidatures sont féminines, en raison notamment de l'image masculine de l'entreprise. La plaquette de recrutement a été modifiée à l'initiative de X'Elles pour gommer les termes trop masculins, type « ingénieur commercial ». En interne, une bourse d'emploi vante les mérites des métiers à pourvoir avec des témoignages de femmes exerçant ces métiers. Et à l'occasion de forums ou salons consacrés au recrutement, les femmes managers sont mises en avant. Par ailleurs, 50 % des profils dits « jeunes pousses » sont des femmes. Enfin, toutes les questions liées à l'organisation vie privée/vie professionnelle sont débattues en interne, avec par exemple une campagne d'affichage sur l'organisation des réunions avant 17 h 30.

General Electric France

35 % de femmes dans l'effectif, 20 % de managers femmes et 45 % des recrutements féminins.

GE France participe depuis 1998 au réseau Women's Network (WN) créé aux États-Unis en 1997. Plusieurs actions sont organisées pour accélérer le développement professionnel des femmes et favoriser leur accession à des postes à responsabilité, comme des séances de formation (présenter et se présenter au féminin, comprendre la finance pour les non financiers, gérer sa carrière, etc.). Autre action, l'organisation de tables rondes sur la stratégie et les objectifs du groupe animées par des dirigeants de GE France. Le but est d'aider les femmes à mieux connaître le groupe GE et de favoriser leur intégration et leur progression au sein de l'entreprise. Enfin le réseau noue des contacts avec des organismes régionaux ou nationaux (rectorats, délégations aux droits des femmes, etc.) pour promouvoir la notion de diversité dans l'entreprise. Le WN France est aussi membre fondateur du cercle Inter'Elles et intervient dans des écoles d'ingénieurs et de commerce pour encourager les jeunes femmes à s'engager dans des filières traditionnellement plus masculines.

L'Oréal

L'Oréal a mis en place en 1998, en partenariat avec l'Unesco, un programme international intitulé « *Pour les femmes et la science* ». Il s'agit chaque année de décerner des prix à des femmes ayant contribué par leurs travaux aux progrès de la science. Et de faire bénéficier ces femmes d'une reconnaissance internationale. Objectif : contribuer à combler le déficit de femmes dans ce secteur.

http://www.loreal.com/en/ww/loreal-women-in-science/

Suez

SUEZ Énergie Europe : 21,1 % de femmes dans l'effectif et 13,5 % de l'encadrement ; SUEZ Énergie International : 17,9 % de l'effectif et 18,7 % de l'encadrement ; SUEZ Énergie Services : 10,7 % de l'effectif et 11,6 % de l'encadrement ; SUEZ Environnement : 18,1 % de l'effectif et 20,8 % de l'encadrement.

Suez a engagé une réflexion sur la diversité en mettant en place en 2005 un groupe de travail composé de femmes de différentes filiales. Ce groupe proposera des mesures concrètes pour promouvoir la carrière des femmes dans cette entreprise où l'effectif est majoritairement masculin. Il compte quand même une femme dans son comité de direction et une dans son conseil d'administration. Par ailleurs, le management de Suez affirme vouloir féminiser les cadres dirigeants.

◯ Agnès ou l'autonomie de faire

Agnès Touraine est présidente du cabinet de conseil en stratégie ActIII.

« Mieux vaut diriger qu'être dirigée. »

Agnès Touraine, qui a été à la tête d'Havas Vivendi Universal Publishing (4 milliards d'euros de CA) jusqu'en 2003, a toujours évolué dans des milieux masculins. *« Chez McKinsey, j'étais pratiquement la seule femme consultante. Chez Lagardère, c'était à peu près la même chose. Les hommes avaient l'air de trouver ma présence plutôt sympathique. »* Si le fait d'être une femme n'a pas posé de problème dans son ascension professionnelle, elle se souvient avoir souvent entendu, lorsqu'elle était directrice générale ou présidente : *« C'est vous l'attachée de presse ? »* ou *« Vous êtes dans la communication ? »* *« Il faut apprendre à résister aux petites agressions, prendre du recul, de la distance, rester imperméable à ce que les autres racontent. »* Mère de deux enfants, elle a choisi de séparer totalement ses vies privée et professionnelle, de ne jamais parler au bureau de ses questions d'organisation domestique. « *Je reste surprise par le nombre de questions sur mes enfants — qui vont par ailleurs remarquablement bien — sous-entendu avec une mère qui travaille autant ! Évidemment, il est important d'avoir un mari qui partage vos choix de vie.* »

Je me suis toujours sentie libre

Elle admet n'avoir jamais stressé quand ses enfants étaient nourris aux petits pots ou parce qu'elle n'était pas elle-même à la sortie de l'école. Élevée dans un milieu intellectuel, permissif — mère psychanalyste et père professeur de médecine — elle s'est toujours sentie libre et indépendante. « *Il m'est vite apparu que pour garder cette indépendance, il valait mieux diriger qu'être dirigée. Qu'en dépit des responsabilités, il y avait moins de stress à prendre des décisions qu'à les subir. J'en reste toujours persuadée. Quand vous tenez le volant, vous gagnez mieux votre vie, vous pouvez mieux vous organiser, mieux influer le cours des choses.* » C'est sa définition du pouvoir : « *l'autonomie de faire.* » Contrairement aux hommes pour qui le pouvoir signifie souvent « *médailles et statut.* » Agnès Touraine a quitté volontairement son poste de DG chez Hachette en 1995 pour fonder une start-up spécialisée dans les nouvelles technologies.

Discrimination positive

« *Les femmes sont plus à l'écoute des autres, donnent davantage la parole, ont moins le sens de la hiérarchie. Leur discours est plus direct : elles ne disent pas oui si elles pensent non.* » En revanche, elles sont parfois plus émotives. Moins sûres d'elles, elles savent moins se vendre. *« Beaucoup de femmes ont un sentiment d'infériorité, un manque de confiance en elles qui les conduit à ne pas demander ce qui leur est dû en termes de salaire, de promotion. Il est important de savoir demander ! »* D'où sa préférence pour la discrimination positive. *« J'ai toujours recruté des femmes, essayé de les promouvoir, sachant que la mixité reste pour moi indispensable. »* *« Certes il faut que les femmes soient dans les instances de décision, économiques, politiques, mais cela n'a pas de sens, pas plus que pour les hommes de vouloir absolument pousser les femmes à devenir des leaders au risque de les culpabiliser encore un peu plus. »* Entre les postes très en vue et les jobs sans grand intérêt, il y a des métiers et des fonctions qui devraient être mieux valorisés y compris dans les PME. *« Mais on en parle peu et il n'y a pas assez de "rôles modèles" qui mettent les femmes en valeur. »*

Pas de modèle unique

Il est important de ne pas imposer de modèle unique. *« Ce qui compte, c'est d'être libre dans ses choix et donc mentalement. Si une femme est heureuse chez elle, avec ses enfants et si elle n'est pas obligée de travailler, pourquoi la culpabiliser ? Si une femme s'épanouit dans sa vie professionnelle, pourquoi s'occuperait-elle forcément mal de ses enfants ? »* Reste que l'époque actuelle est régressive. *« J'ai parfois le sentiment que nous vivons un recul. Il suffit de parcourir la presse féminine et ses thèmes privilégiés souvent autour de la culpabilité et de la crainte de mal faire, de voir la pub où ce sont toujours les femmes qui sont au foyer. Il y a un vrai risque de conservatisme chez les jeunes et les femmes sont plus que jamais habitées par la culpabilité de leur responsabilité unique vis-à-vis des enfants, sur lesquels par ailleurs on n'a jamais autant investi. »* Enfin, pour faire évoluer la situation, il faut mesurer les résultats et pas seulement se dédouaner par le discours. *« Il est intéressant d'aller vérifier dans les entreprises dirigées par des hommes qui tiennent des propos enthousiastes sur les femmes, ce qui se passe concrètement en termes de progrès dans le domaine : évolution du nombre de femmes au pouvoir, salaires, système de promotion, comportements à l'égard des grossesses, etc. »*

CV

50 ans.
Licence en droit, IEP Paris et MBA (université de Columbia).

McKinsey, Hachette (elle est successivement vice-présidente de la stratégie du groupe Lagardère et présidente de la division grand public d'Hachette). Elle crée ensuite une start-up au sein de CEPD, fusionnée avec Havas, puis Vivendi où elle devient présidente de Havas/VUP (Vivendi Universal Publishing). Après la cession de VUP en 2003, elle fonde son cabinet de conseil en stratégie Act3 Consultants. Elle est par ailleurs administrateur de sociétés en Angleterre et en France (LastMinute.com, Cable & Wireless, Libération, Fondation de France).

3. Agir au travers de l'éducation et des médias

« La culture est ce qui permet d'apprendre et de connaître mais elle est aussi ce qui empêche d'apprendre et de connaître hors de ses impératifs et de ses normes. »
Edgar Morin[1]

Renverser le cours de l'histoire implique de lutter contre les stéréotypes. Premier véhicule efficace et c'est normal, l'éducation qui transmet la culture dominante. Les petits d'hommes s'insèrent dans la société et se construisent par l'imitation. Au fil des millénaires, l'éducation assurée par les parents et les organisations spécialisées offre un formidable raccourci d'expérience et constitue une machine à reproduire efficace.

Aujourd'hui les technologies évoluent à une vitesse de plus en plus spectaculaire, entraînant des modifications fondamentales dans le monde et les sociétés. Mais quoi de plus difficile que de faire évoluer les systèmes de représentation qui ont habité, structuré des cohortes d'humains et prouvé leur efficacité à un moment donné, même s'ils sont devenus archaïques et inefficaces ? *« Tout notre système social, scolaire, universitaire et de pouvoir est érigé sur la reproduction à l'identique. On garde le même système, on ne*

---

1. Edgar Morin, *L'identité humaine, op. cit.*

supprime rien, on rajoute », constate Gabrielle Rolland[1].

Parents et enseignants sexistes

Parents et éducateurs continuent la plupart du temps, parfois en contradiction avec ce qu'ils pensent et les discours qu'ils tiennent, à transmettre les modèles qui les ont structurés. Pierre Blanc-Sahnoun, coach, diagnostique : *« On fabrique des petites filles et des petits garçons culturellement. On forge des identités féminines et masculines. Dès le départ les parents se comportent différemment avec eux et créent des pouvoirs symboliques : fais comme maman, fais comme papa, ne pleure pas tu es un homme, ne te bats pas, tu es une fille... »* Les femmes subissent plus de pression pour être obéissantes et responsables, les garçons pour réussir et être autonomes. Le problème souligné par Lois P. Frankel, coach et docteur en psychologie, est que *« les petites filles dociles et bien élevées arrivent rarement au fauteuil de PDG. »* Même les mères libérées et les grands-mères soixante-huitardes achètent des Barbie platinées aux filles, des pistolets aux garçons. Dans toutes les boutiques de vêtements pour enfants, on peut repérer d'un coup d'œil les rayons filles, du rose au parme, et ceux des garçons, du beige au kaki, pour faire *« petit mec. »* Pour les jouets, ce n'est guère mieux. Poupées, maquillages, aspi-

---

1. Gabrielle Rolland, *Colère à deux voix, op. cit.*

rateurs, déguisements de princesse d'un côté, garages, jeux de bricolage, châteaux forts, déguisements de chevaliers et de surhommes de l'autre. Pour lutter contre ces stéréotypes, l'association Mix-Cité (avec le collectif contre le publisexisme, les Panthères roses et du Côté des filles) a publié un catalogue *« contre les jouets sexistes »*. Avec en première page, les titres suivants : *« Tu bricoleras, mon fils »* et *« Apprends à récurer, ma fille. »* Ou encore : *« Ils se marièrent, elle se retrouva au fourneau et lui au boulot. Ils eurent beaucoup d'enfants dont elle s'occupa toute sa vie et qu'il ne vit jamais car il travaillait tout le temps. »* Et de s'interroger : *« Et si nos jouets influençaient nos choix professionnels ? »* Si on part du principe que les enfants imitent le comportement du parent de leur sexe, pourquoi ne pas offrir des voitures aux filles alors que leur mère conduit ? Et pourquoi empêcher les petits garçons de jouer à la poupée ou de passer l'aspirateur quand leur père fait le ménage et change les couches de bébé ? L'association propose ainsi une série de livres jeunesse non sexistes et des jeux coopératifs *« pour que les enfants ne se construisent pas sur des valeurs sexistes et individualistes. »*

L'éducation par l'école va dans le même sens. Dans son étude « Filles et garçons à l'école maternelle »[1], Leila Aicherar, docteur en

______

1. Publiée par la délégation régionale aux droits des femmes du Languedoc-Roussillon, juin 2003.

sciences de l'éducation et chargée de cours à l'université de Montpellier, affirme que « *l'école, qu'on persiste à appeler maternelle, transmet un rapport archaïque entre les sexes* » et participe donc des pratiques qui engendrent les inégalités entre les hommes et les femmes. Elle a constaté pendant son observation de classes de moyenne section que les maîtresses accueillaient le matin les petites filles en les complimentant sur leur tenue et les petits garçons en leur demandant ce qu'ils avaient fait la veille. Elles interrogeaient aussi davantage les garçons « *pour qu'ils se tiennent tranquilles* ». Et étaient plus sévères avec les petites filles « *agitées.* »

Pour la sociologue Nicole Mosconi, professeur en science de l'éducation à l'université Paris X Nanterre, qui a observé la façon dont les professeurs de collège se comportent eux aussi avec leurs élèves, « *il est évident que la plupart d'entre eux, sans doute à leur insu, tendent à les positionner différemment selon leur sexe. Ils sont plus autoritaires avec les garçons et interréagissent davantage avec eux, cantonnant les filles dans un rôle plus passif.* »[1] Elle rajoute par ailleurs : « *À partir du moment où vous sortez du système obligatoire, c'est-à-dire du second cycle de l'enseignement secondaire, la mixité disparaît, c'est le cas dans l'enseignement professionnel.* »[2] Ainsi le bac pro est divisé en deux grandes sections :

---

1. *Le Monde*, 28 janvier 2004.
2. Colloque Trans-faire.

production et tertiaire. Côté production, les filles sont 8 %, côté tertiaire 78 %. En section générale, le bac littéraire comprend 78 % de filles. *« Le système scolaire produit une division sociosexuée des savoirs qui dans une certaine mesure mène à une division sociosexuée du travail. »*

Mixité sans changement de mentalités : pas de miracle

On pouvait pourtant s'attendre à une évolution plus importante des rôles et à un nivellement plus efficace des inégalités avec la mixité dans les établissements. Mais le processus semble avoir des effets pervers et certains s'interrogent même sur son bien-fondé. Une enquête menée sur les Écoles normales supérieures révèle un très net recul des filles dans les filières mathématiques et physiques depuis que la rue d'Ulm – auparavant réservée aux garçons – et Sèvres (filles) ont fusionné en 1986[1]. Dans *L'école des filles*[2], Marie Duru-Bellat explique également qu'elles ont tendance à adopter une stratégie *« raisonnable »*, évitant de piétiner les plates-bandes masculines.

S'attaquer à l'éducation, on le sait, est mission presque impossible. Quand la machine est en marche, on a du mal à l'arrêter. Mais il faudrait essayer de provoquer une prise de conscience

---

1. Rebecca Rogers, *La mixité dans l'éducation*, ENS, 2004.
2. Marie Duru-Bellat, *L'école des filles*, L'Harmattan, 2004.

des parents et des enseignants qui transmettent involontairement des modèles qui font perdurer des situations d'inégalité que par ailleurs ils réprouvent. Et mettre au point des formations pour les conseillers d'orientation (pour lesquels il y a encore, inconsciemment, des disciplines masculines et des disciplines féminines) et tous les acteurs de la communauté scolaire. Les enseignants ne doivent pas être plus sexistes que les autres membres de la communauté scolaire, mais ont-ils refléchi à ce type de problème ? Les réseaux de femmes devraient inscrire ce combat à leur programme ainsi que les associations de parents d'élèves, en organisant des réunions de sensibilisation avec les directeurs et professeurs d'écoles.

Des médias en retard

La publicité, la presse, la télévision quant à elles sont des institutions récentes et *a priori* modernes. Instruments de conditionnement sur-efficaces, elles devraient être moins entachées de stéréotypes. Il n'en est rien. Elles confirment en permanence la séparation des rôles entre les hommes et les femmes pour mieux segmenter la clientèle et développer les ventes de produits et services différenciés (et ciblés), notamment par sexe et par âge. La vocation de la pub est de susciter le désir immédiat d'un achat, d'une consommation compulsive (d'une voiture, d'une machine à laver, d'un paquet de café, d'une bouteille de parfum ou d'un pot de yaourt). Pour le provoquer et pour faire vendre tout et n'importe quoi à des mâles en particulier, l'instrument privilégié est l'image lisse et ferme de jeunes femmes. Des déesses sans rides, aux cheveux souples et chatoyants qui ne connaissent ni le stress, ni la pression professionnelle, ni les nuits au chevet de leurs enfants, ni l'échec amoureux, ni la menace de l'âge et qui ont le temps de se bichonner pour le bonheur de leurs partenaires. Plutôt déshabillées qu'en tenue de bureau. Quand et comment ces poupées de rêve travaillent-elles et défendent-elles leur bout de gras dans l'univers professionnel ? *« Les publicités, prises individuellement, ne sont pas choquantes en soi. Mais c'est la répétition des clichés qui est gênante. Quand il s'agit de mettre en scène un goûter d'enfants, on voit toujours des femmes autour. Quand il s'agit de vendre des lessives, c'est la même chose. Et si de temps en temps, il y a des hommes, ils sont maternés ou maladroits »*, commente Isabelle Germain, vice-présidente de l'association des femmes journalistes (AFJ). Elle trouve que les publicités évoluent peu, sans doute par paresse intellectuelle. D'où la création par l'AFJ d'un prix de la publicité la moins sexiste : il valorise notamment des spots qui mettent en scène des dirigeantes. Objectif de cette association : promouvoir la place et l'image des femmes dans les médias et dans la société. D'après l'AFJ, les femmes sont non seulement stéréotypées dans les médias mais aussi sous-représentées. Elles ne sont que 18 % des personnes citées par les médias d'information générale. « *Il suffit de faire une revue de presse des news magazines et de pointer les photos sur lesquelles on voit des hommes et celles où l'on voit des femmes : la proportion est respectivement de 80 % et 20 % à la fois pour le rédactionnel et la publicité. En plus, les femmes sont soit en arrière-plan, soit en tant que femme de, soit citées sans nom, sans leur fonction, soit victime, soit pour un support publicitaire. La disproportion dans les médias est pire que dans la réalité.* » Et alors que 40 % des journalistes sont des femmes, 11 % seulement occupent des postes de direction. Autre initiative constructive, le lancement du blog www.durosedanslegris.fr par six réseaux de femmes cadres supérieurs (Accent sur elles, Action de Femmes, Arborus, EuropeanPWN, Administration Moderne et HRM Women). L'objectif est de sensibiliser les médias et les décideurs sur la faible présence des femmes dans les instances dirigeantes et de militer en faveur de la mixité. De mettre en lumière les entreprises privées ou publiques qui ont des femmes au top management et d'épingler les autres. Le ton se veut humoristique et mordant.

Les lectrices de magazines ont-elles une profession ?

Du côté de la plupart des magazines féminins, marché juteux de la presse (environ 44 titres) que l'on dit propice aux innovations, l'image professionnelle des femmes est assez peu présente et conditionnée par l'âge et la caté-gorie du lectorat visé. Les annonceurs de cette presse sont en grande partie des entreprises de la mode et des cosmétiques, il est donc logique que, proportionnellement, les sujets concernant la mode, la beauté (et depuis plus récemment et en augmentation, la décoration) occupent plus de place. Si dans les magazines féminins, on peut trouver des sujets de société et des reportages sur des femmes luttant contre la discrimination, on ne compte plus les *« spécial beauté »*, *« spécial minceur »* ou les éternelles rubriques shopping, cosméto, cuisine, déco, astrologie, psy, people… *« Moi et mon nouveau look »*, *« Quelle séductrice êtes-vous ? »*, *« Mon animal, je l'adore : les psys nous disent pourquoi tant de passion »*, *« Dis-moi comment tu manges, je te dirai qui tu es »*… Et quand les questions de la vie professionnelle sont abordées, c'est essentielle-ment sous l'angle du relationnel : gérer un chef tyrannique ou une collègue hystérique en dix leçons…

Les femmes achètent ces titres. Mais il y a certainement une place plus importante pour des sujets professionnels. D'après plusieurs rédactrices en chef, les tables rondes de lectrices montrent leur intérêt pour leur milieu de travail, quelle que soit leur catégorie socioprofessionnelle. Lorsqu'on enquête auprès de proches, il s'avère que les femmes ne se retrouvent pas dans les mannequins éthérés et souhaiteraient que ces magazines s'intéressent davantage aux contenus et aux enjeux de leur vie en entreprise. Et leur fournissent davantage d'informations sur des possibilités de reconversion, de créations d'entreprises, des portraits de managers, de businesswomen, etc. En France et à l'étranger.

◯ Margaret a choisi l'entrepreneuriat

Margaret Milan est fondatrice d'Éveil & Jeux.

> *« Je me suis toujours dit : soit je serai au top management, soit je créerai ma boîte. »*

C'est à l'occasion de son congé parental que Margaret Milan, ingénieur et diplômée d'un MBA d'Harvard réfléchit à une création d'entreprise. *« Je me suis toujours dit : soit je serai au top management, soit je créerai ma boîte. C'est la naissance de mes deux filles qui m'a conduite à passer le cap. »* Si son job d'alors chez Procter & Gamble, *« entreprise où les évaluations sont rigoureuses et où les femmes peuvent réussir »*, lui donne satisfaction, elle sait que pour progresser elle doit avoir plusieurs expériences à l'étranger. *« Or, ce n'était pas compatible avec mes projets de couple. »* Elle anticipe donc le stade du plafond de verre et démissionne pour créer en 1989 *« une petite entreprise assez militante où le jeu serait vecteur d'éducation et de lien entre parents et enfants. »* Éveil & Jeux était né. À l'époque, l'aspect éducatif n'était pas mis en avant dans les jeux en France alors qu'en Grande-Bretagne et aux États-Unis, le créneau était très exploité. Cette Écossaise d'origine commence prudemment en testant des produits et en créant un petit catalogue. Elle achète le fichier d'une association de parents sensibilisés aux questions d'éducation, leur envoie son catalogue et très vite, les commandes affluent.

Au départ, Margaret Milan recrute exclusivement des femmes, entre 25 et 35 ans. *« Je n'ai pas arrêté de gérer des congés de maternité… »* En 1995, le fort développement de l'entreprise permet à son mari – vice-président de Boston Consulting Group – de rejoindre l'équipe. Il recrute des garçons… *« La mixité est un facteur d'enrichissement. Il est essentiel de travailler avec les deux. »* D'après elle, on doit souvent cette mixité aux femmes dirigeantes. *« Quand les femmes sont au pouvoir, ce qui change en premier c'est que les équipes se féminisent. Ce n'est pas par solidarité féminine mais parce que les femmes cherchent la compétence là où elle est. »*

L'entreprise idéale est irréaliste

Margaret Milan déchante un peu en constatant que son idéal d'entreprise où les femmes travailleraient à temps partiel est irréaliste. *« C'était impossible qu'elles soient à la maison à 16 h 30 alors que les clients appelaient au bureau. Mais on a quand même réussi une certaine flexibilité. Si un enfant était malade, cela n'a jamais posé le moindre problème que la mère rentre plus tôt. Tous nos cadres avaient un téléphone et un ordinateur portables. Seul le résultat comptait. »* En revanche, elle se réjouit *« d'avoir créé une entreprise dans laquelle les gens progressaient et étaient heureux de travailler pour une cause qui leur semblait importante. L'aspect intérêt du travail est majeur pour les femmes. »* La seule différence qu'elle constate entre hommes et femmes est la gestion du temps. *« Par la force des choses et non pas par nature, les femmes ont un sens du temps plus palpable. Elles sont contraintes de privilégier l'efficacité car elles doivent rentrer chez elles pour s'occuper de leurs enfants. »* En ce qui concerne sa gestion des moyens matériels, elle se définit comme une créatrice d'entreprise précautionneuse. *« J'ai avancé à pas de chat, en testant les choses avec prudence. Le jour où j'ai vu que l'idée fonctionnait et que le modèle économique était clairement établi, j'ai mis le paquet. J'avais une ambition commerciale doublée d'une énorme prudence. »*

Aujourd'hui, Margaret Milan qui, avec son mari, a revendu en 2001 son entreprise au groupe PPR, préside la fondation Éveil & Jeux qui finance des projets éducatifs dans des quartiers défavorisés. Elle s'investit aussi dans le réseau EuropeanPWN pour aider les jeunes femmes entrepreneurs. Et constate que rien n'a changé. Pour elle, c'est la naissance de ses filles qui l'a conduite à se lancer dans l'entrepreneuriat. Mais généralement cet heureux événement nuit à la carrière des femmes. *« Quand j'avais vingt-cinq ans, j'avais le sentiment que le problème d'égalité était réglé. J'ai fait les études que je voulais et j'ai eu les postes que je désirais. Ce n'est que quand les enfants arrivent que les entreprises ne sont pas adaptées. Celles-ci ont l'habitude de gens archi-disponibles : les hommes ! »* C'est toujours la même chose aujourd'hui. *« Je ne vois pas d'amélioration. Dès que les femmes ont des enfants, le regard de leur patron change, le regard de l'entreprise change et leur propre regard sur leur carrière change aussi. »*

Gestion de carrière et lutte contre les stéréotypes

Pour faire face à ce dilemme, Margaret Milan préconise notamment des gestions de carrière spécifiques et cite plusieurs exemples. *« Total a lancé un projet de féminisation de ses équipes et demande aux femmes d'avoir une expérience à l'international et une expérience de gestion d'équipe opérationnelle dans les dix premières années de leur carrière, donc,* a priori, *avant d'avoir des enfants. Après les grossesses, Total accepte une période professionnelle plus calme qui redémarre un peu plus tard. »* Autre exemple avec Intel, où l'on gère les carrières par objectifs et non par temps de présence. *« Tout le monde a un télé-*

phone et un ordinateur portables. » Sans oublier une des solutions qui a été la sienne, l'entrepreneuriat. « *Toutes les jeunes créatrices que je rencontre entreprennent pour gagner de la flexibilité. Elles travaillent comme des folles : tôt le matin jusqu'à l'heure de rentrée des enfants et tard le soir.* » Et surtout, il faut lutter contre les préjugés envers les femmes. « *On entend trop souvent : les femmes ne sont pas mobiles. Mais demandez-leur ! Il faut aussi se battre contre les blagues un peu graveleuses sur les femmes comme objets de désir car elles renforcent ces stéréotypes. Quand on voit une femme dans une entreprise, on voit une employée. Quand on voit un homme, on voit un patron.* » Enfin, Margaret Milan estime qu'il faut donner des modèles accessibles et pas complexants aux jeunes filles. Et valoriser des femmes qui arrivent à créer une harmonie entre carrière et vie privée. « *Ce sont toujours les femmes au top management que l'on médiatise. Or, il faut aussi montrer des modèles intermédiaires.* »

CV

48 ans. Diplôme d'ingénieur (Grande-Bretagne) et MBA (Harvard).

Margaret Milan est présidente de EuropeanPWN où elle anime notamment des séances sur l'entrepreneuriat. Après sept ans chez Procter & Gamble, elle crée Éveil & Jeux en 1989 qu'elle revend en 2001 à PPR.

4. Encourager l'égalité des femmes en politique

> *« Avoir des compétences politiques, ne veut pas dire seulement avoir de bonnes idées, ce n'est pas suffisant. Le succès, dans une organisation politique, dépend de la capacité à les promouvoir, à quadriller le terrain, à rallier des soutiens. Il s'agit d'apprendre à travailler dans un climat d'opposition. Ce sont des talents qu'on peut enseigner, qu'on peut acquérir et développer. On ne voit pas comment les femmes auraient survécu à la domination masculine si elles en avaient été dépourvues. »*
> Samuel B. Bacharat[1]

La politique peut (devrait ?) avoir un double effet positif sur l'accession des femmes au pouvoir dans l'entreprise.

D'abord par la vertu de l'exemple, en pratiquant effectivement pour son propre compte l'égalité des sexes dans ses instances de décision. Ensuite, grâce aux incitations législatives qui facilitent aux parents, père et mère, père ou mère, une gestion plus facile de leur double vie familiale et professionnelle. Le premier point est pour l'instant hautement virtuel. L'appareil politique offre plutôt un contre-exemple. Il se montre encore plus machiste que les entreprises. L'entrée des femmes y est laborieuse et

---

1. Professeur au Département des comportements de l'université américaine Cornell (New York) et *guest* professeur à l'École nationale des Ponts et Chaussées.

leur ascension s'effectue au compte-gouttes. On en dénombre 12,3 % à l'Assemblée nationale et 16,9 % au Sénat. Par contre, 47 % des conseillers régionaux élus sont des femmes (deux fois plus qu'en 1998 grâce à la loi sur la parité) ainsi que 47,5 % des élus municipaux (contre 25 % en 1995). La loi sur la parité ne s'appliquant pas aux cantonales, seuls 10,9 % des conseillers généraux sont des femmes. L'élection du maire échappant aussi aux contraintes, il n'y a que 6,7 % de maires (femmes) pour les communes de plus de 3 500 habitants.

Une course d'obstacles

« La politique est un système mafieux qui fonctionne par parrainage », constate Roselyne Bachelot, députée européenne et ancienne ministre. Il faut dire qu'on touche à la sphère publique dans toute sa *« noblesse »*, à la quintessence même du pouvoir masculin, éminemment sacré. On s'y heurte *« à tous les trésors d'imagination que les hommes ont déployés depuis toujours pour en exclure les femmes »*, comme l'illustre Armelle Le Bras-Chopard, dans son livre *Le masculin, le sexuel et le politique*[1]. En outre il n'y a pas de limite d'âge, contrairement à ce qui se passe dans le secteur privé. À cinquante ans, si on est un senior en entreprise, on est un jeunot en politique et on

---

1. Armelle Le Bras-Chopard, *Le masculin, le sexuel et le politique*, Plon, 2004 (*op. cit.*).

s'accroche aux branches. Les places sont donc rares et les mentalités conservatrices. *« L'appareil politique est une machine à broyer les femmes »*, confirme Anne Hidalgo, première adjointe au maire de Paris. Beaucoup d'entre elles, surmenées (elles ont trois vies à gérer de front, familiale, professionnelle, politique), sont découragées par la résistance du milieu et abandonnent en cours de route. Bien que leurs compétences ne soient pas mises en question – elles transportent évidemment en politique le même professionnalisme et la même efficacité que dans les entreprises – rien n'est fait pour leur faciliter la tâche. Ni en termes d'organisation du travail (les réunions sont systématiquement tardives, week-end compris), ni en termes de climat : on vole bas dans les hautes sphères où grivoiseries et remarques sexistes sont monnaie courante. C'est toujours la personne qui est mise en cause avant la politique. Dans l'émission de Nathalie Le Breton sur France 5 *« Elles sont entrées en politique »* du 12 mai 2005, Ségolène Royal tentait de tempérer un peu le discours des autres participantes (dont Monique Pelletier, Yvette Roudy, Françoise de Panafieu, Élisabeth Guigou, Nathalie Kosciusko-Morizet) qui faisaient part de l'énergie qu'elles devaient déployer pour desserrer les freins qu'elles rencontraient au sein même de leur parti. Elle assurait que *« les choses avaient changé par rapport à la génération précédente. »* Mais elle a sans doute changé d'avis à l'écoute des propos masculins (dont certains venaient de proches) lors de l'annonce de sa candidature « *éventuelle* » à l'élection présidentielle de 2007 : de « *qui s'occupera des enfants* » à « *l'élection présidentielle n'est pas un concours de beauté* », en passant par des lieux malheureusement communs du même style. Laurence Parisot a certainement une bonne vue de la question quand elle déclare : « *La réaction était si forte qu'elle dépasse le cadre du machisme primaire. Ne serait-ce pas plutôt la crainte de la concurrence ?* » Monique Pelletier, ancien ministre, déplore : « *Il y a une réflexion dans l'entreprise qui n'existe pas dans la politique.* » Et davantage de respect aussi.

Des lois escargots

Le second impact possible du politique sur la progression des femmes dans l'entreprise est évidemment son pouvoir législatif et ses capacités incitatives. Toutes les conquêtes en matière d'autonomie et d'égalité, comme tous les combats des droits « *de l'homme* », ont été sanctionnées par des lois. C'est le seul moyen efficace d'en assurer, même si cela prend des années, la mise en œuvre et la pérennité. Les batailles législatives sont longues et dures pour obtenir des lois (sept ans pour la parité) et leur mise en œuvre (cinq ans pour la parité et deux femmes seulement au rang de ministre dans le gouvernement de Dominique de Villepin), lorsqu'elles concernent spécifiquement les droits des femmes.

« Les femmes sont partout, dans la rue, dans les stades, sur les courts de tennis. Dans les universités et dans les entreprises. En robe noire au barreau, en robe blanche le jour des noces. Dans l'actualité. Dans l'excellence souvent. À la devanture des librairies, à la une des journaux. Dans les labos, dans les bureaux. Dans les pensées des hommes. Elles sont partout, sauf au gouvernement », constate Eric Fottorino[1].

Pour accélérer le mouvement, la conviction et le soutien de femmes aux bons niveaux politiques sont nécessaires. Que ce serait-il passé pour l'IVG sans Simone Veil (1975) ? Pour l'instauration de l'égalité professionnelle sans Yvette Roudy (1983) et Catherine Génisson (2001) ? Pour le congé parental des deux sexes sans Ségolène Royal (1984) ?, etc. Pour rompre ce cercle vicieux (les femmes veulent des lois mais ce sont les hommes qui les font), des femmes de droite et de gauche s'allient sur des causes communes. Comme elles l'ont fait pour la loi du 6 juin 2000 sur la parité qui promeut l'égal accès des hommes et des femmes aux mandats électoraux et aux fonctions électives. Résultat : aux élections municipales de

---

1. *Le Monde*, 6 juin 2005.

mars 2001, le taux de représentation des femmes dans les conseils municipaux a doublé. Même s'il reste beaucoup de chemin à faire comme le souligne Anne Hidalgo, car « *tant qu'on reste sur des enjeux locaux, ça va à peu près, les hommes n'ont pas trop de crainte. Mais dès qu'elles ont des visées nationales, elles sont qualifiées de « démesurément » ambitieuses, ce qu'on ne dit jamais d'un homme pour qui c'est une qualité d'être ambitieux.* » Dans tous les cas, que penser de partis qui préfèrent payer une amende parce qu'ils n'ont pas respecté la loi, plutôt que de mettre des femmes sur leurs listes ? Il faut dire que la loi sanctionne le fait de ne pas avoir 50 % de candidatures de femmes mais pas celui de n'avoir que des hommes comme élus…

Les lois impactent aussi efficacement l'organisation et les conditions du travail. Ainsi la loi sur les 35 heures. Elle ne concerne certes pas les dirigeantes, mais elle permet à de jeunes mères et pères de famille de survivre dans le milieu professionnel pendant la période de la petite enfance de leur progéniture et de pouvoir prétendre plus tard à des responsabilités plus importantes.

Dominique Méda[1] souligne l'importance de l'évolution des politiques familiales et sociales, l'adaptation des politiques urbaines et tempo-

____
1. Dominique Méda, *Le temps des femmes*, Flammarion, 2001.

relles qui relèvent des pouvoirs publics. Elle rappelle que tout ce qui est du ressort de la politique de la petite enfance ne constitue pas un coût mais un investissement pour l'avenir.

La politique a besoin des femmes

Une des raisons d'espérer une progression des femmes dans l'appareil politique qui pourrait conforter celle de leurs consœurs dans l'entreprise est incontestablement que la politique a besoin des femmes.

La présence des femmes à égalité avec les hommes en politique n'est pas seulement importante pour qu'elles puissent défendre leurs intérêts propres, ni uniquement pour des questions d'équité, mais en termes d'intérêt général pour qu'elles puissent apporter leurs idées aux débats politiques et dans tous les secteurs. Elles sont porteuses de transformations sociales, économiques, politiques profondes et ne se reconnaissent ni dans les méthodes ni dans les priorités politiques fixées par les hommes. On voit bien à travers de nombreux témoignages et sondages que les femmes de droite et de gauche se retrouvent sur des thèmes sociaux, sur des enjeux écologiques, sur les droits des homosexuels, sur une approche sexuée des problèmes de sécurité (ce sont surtout les femmes qui sont victimes de violences à domicile ou sur la voie publique), sur la prévention en matière de santé, sur les questions concernant l'organisation du travail.

Le fossé à combler

Combien de temps encore les électeurs et les électrices pourront-ils accepter que la politique ne reflète pas les vraies préoccupations des citoyens ?

Une étude, effectuée en 2002 par TNS/Sofres dans le cadre du programme « *Science, environnement et société* » de la Fondation nationale de Sciences politiques, a mesuré la profondeur du fossé entre les parlementaires majoritairement des hommes et les Français (hommes et femmes) dans le domaine écologique. Interrogés sur la question de la croissance économique, 53 % des citoyens de l'échantillon national se déclarent d'accord pour la ralentir et protéger l'environnement contre 19 % des 200 parlementaires (122 députés et 78 sénateurs, soit 171 hommes et 29 femmes). 73 % des premiers pensent qu'il faut modifier nos modes de vie contre 53 % des élus. Un autre exemple illustre le décalage entre les opinions des hommes, des femmes est des jeunes : après le vote de mars 2002 pour élire le président de la République française, le quotidien *Libération* a publié un sondage effectué par l'Institut Louis Harris : 28 % des hommes avaient voté pour le Front National contre 4 % des femmes et 7 % des jeunes de 18 à 24 ans.

Au secours l'Europe !

L'Europe et les initiatives de son parlement peuvent aider à passer à la vitesse supérieure. On ne connaît pas suffisamment, en dehors des instances politiques ou féministes, le rôle stimulant qu'ont joué, pour la France notamment, les directives européennes : « *Il ne faut pas oublier que la parité vient de l'Europe et que de nombreux pays l'ont adoptée avant la France* », rappelle Marie-Hélène Aubert, députée vert au Parlement européen.

L'étude de l'ORSE[1] synthétise la façon dont les différentes institutions européennes ont intégré le « *gender mainstream* » (approche intégrée de l'inégalité) depuis le Traité de Rome (1957) qui inscrivait à l'article 119 le salaire égal pour un même travail, jusqu'au Livre vert de juillet 2001 qui inclut la question de l'accès des femmes aux postes de responsabilité dans le cadre de la RSE (responsabilité sociale des entreprises).

Le Parlement européen comporte 44 % de femmes. Marie-Hélène Aubert compare la différence d'atmosphère qui y règne par rapport à l'Assemblée nationale française

---

1. « L'accès des femmes aux postes de décision dans les entreprises : entre nécessité et opportunité, une problématique dans la perspective de la responsabilité sociale des entreprises », Nathalie Lavigne, étude n° 5, février 2004.

qu'elle a pratiquée comme députée de l'Eure-et-Loir. Elle a beau être positive, dire *« je n'ai pas un vécu pénible de la politique, je trouve que le jeu en vaut la chandelle parce que je fais des choses passionnantes et utiles »*, elle constate néanmoins que *« l'atmosphère est totalement différente à l'Assemblée nationale et au Parlement européen. Dans la première ou on vous ignore, ou on vous traite avec condescendance ou on vous drague ; dans le second, d'abord les femmes ne sont pas cantonnées au social, à la culture ou aux handicapés, ensuite il n'y a ni sexisme ni machisme dans les débats. Tout le monde s'exprime librement. »* Et les réunions ont rarement lieu le soir !

Il y a donc nombre de raisons de se battre pour voir les femmes figurer en politique aux plus hauts niveaux et autrement que sous la forme de statues, pour symboliser la Liberté, la République, la Démocratie, trôner en Marianne seins fermes, dans les mairies…

L'Assemblée nationale est ouverte à tous. Comme le dit Nicole Ameline, ancienne ministre de la Parité et de l'Égalité professionnelle, *« ce qui arrivera demain est le résultat direct de ce qui arrive aujourd'hui. »*

Seul le nombre peut changer la donne comme le soulignent Philippe Bataille et Françoise Gaspard : *« Il ne constitue pas une garantie de la prise en considération de l'égalité dans tous les domaines. Il est cependant une condition de la transformation de la politique. »*[1]

La politique pourrait s'incarner alors dans de nouveaux profils (depuis combien d'années a-t-on droit aux mêmes têtes ?), se rapprocher des citoyens qui se sont mis, ce qu'on peut comprendre, à la confondre avec les politiciens.

LES DATES-CLÉS DE L'ÉGALITÉ

1861 : première femme autorisée à se présenter au baccalauréat.

1907 : la loi du 13 juillet accorde aux femmes mariées la libre disposition de leur salaire.

1909 : la loi institue un congé de maternité de huit semaines, sans rupture de contrat de travail mais sans traitement.

1924 : les programmes de l'enseignement secondaire ainsi que le baccalauréat deviennent identiques pour les filles et les garçons.

1938 : suppression de l'incapacité civile ; les femmes peuvent s'inscrire à l'université sans l'autorisation de leur mari.

---

1. Philippe Bataille et Françoise Gaspard, *Comment les femmes changent la politique*, La Découverte, 1999.

1944 : les femmes sont électrices et éligibles dans les mêmes conditions que les hommes.

1946 : le principe de l'égalité entre les femmes et les hommes dans tous les domaines est inscrit dans le préambule de la Constitution. La notion de « *salaire féminin* » est supprimée.

1947 : dans le gouvernement de Robert Schuman, Germaine Poinso-Chapuis est la première femme nommée ministre (de la Santé publique et de la Population).

1965 : le régime légal du mariage du couple se mariant sans contrat est modifié : les femmes peuvent gérer leurs biens propres et exercer une activité professionnelle sans le consentement de leur mari.

1967 : la contraception est autorisée (loi Neuwirth).

1970 : le congé de maternité est indemnisé à 90 % par l'assurance maternité.

1970 : la loi relative à l'autorité parentale conjointe supprime la notion de « *chef de famille* » du Code civil.

1975 : loi sur l'IVG.

1983 : la loi Roudy établit l'égalité professionnelle entre les femmes et les hommes.

1985 : loi relative à l'égalité des époux dans la gestion des biens de la famille et des enfants.

6 juin 2000 : la loi relative à l'égal accès des femmes et des hommes aux mandats électoraux et aux fonctions électives permet la mise en œuvre du principe de parité politique acquis en 1999.

9 mai 2001 : adoption de la loi Génisson sur l'égalité professionnelle entre les femmes et les hommes. Cette loi actualise et renforce la loi de 1983 en définissant les axes de sa mise en œuvre.

26 décembre 2003 : les femmes assurées sociales se voient désormais attribuer une majoration de leur durée d'assurance d'un trimestre pour toute année durant laquelle elles ont élevé un enfant, dans la limite des huit trimestres par enfant.

Source : ministère délégué à la Cohésion sociale et à la Parité.

◯ Roselyne se bat pour la parité

Roselyne Bachelot est députée européenne.

> *« Les hommes ont le pouvoir et n'ont pas envie de le donner aux femmes. »*

L'ex-ministre de l'Écologie du gouvernement Raffarin est aussi connue pour son franc-parler que pour ses positions en faveur de la parité. *« J'ai été une des premières militantes de la parité. J'ai été très isolée dans ce combat. Je tenais des réunions dans des salles sinistres, dans des petites villes, devant vingt-cinq femmes… Pendant très longtemps, ce combat a fait l'objet de moqueries. Depuis les années 90, il y a un changement, notamment grâce à la presse féminine. »* En 1992, Roselyne Bachelot, au RPR, est déléguée aux Femmes. Elle contacte les rédactions des magazines féminins pour qu'elles écrivent des sujets sur l'égalité. On lui répond : *« Vos histoires, ça n'intéresse pas les femmes. Elles s'intéressent à la beauté, aux crèmes, à la minceur, à la mode, etc. »* Puis Françoise Colombani rédige un édito dans *Elle* en s'indignant de la sous-représentation des femmes à l'Assemblée nationale alors que les élections législatives se déroulent quelques semaines plus tard. *« Elle a reçu des centaines de lettres de lectrices qui lui disaient que la politique les intéressait. Elle m'a téléphoné et fait un superbe article de présentation des femmes qui comptaient dans le paysage politique français. Cet article est fondateur, car il a suscité une salve de papiers dans toute la presse féminine. Depuis on y voit des interviews de femmes politiques, des portraits… »*

La France est la lanterne rouge de l'Europe

Autre changement : le débat étant devenu porteur sur le plan politique, Roselyne Bachelot n'est plus isolée dans son combat. Mais sur le terrain, les évolutions sont lentes. Si, grâce à la loi sur la parité, on compte 47 % de femmes dans les conseils municipaux, peu d'entre elles sont maires. « *Les vrais postes stratégiques, où l'on définit la politique municipale, sont pris par des hommes. La parité qualitative est un combat à poursuivre.* » Et c'est pire à l'Assemblée nationale. « *La France est la lanterne rouge de l'Europe pour le nombre de femmes au Parlement.* » Pourtant, si l'on veut faire avancer la cause des femmes, il faut qu'elles se mobilisent en politique. « *Ce sont toujours des femmes qui sont à l'initiative des lois qui leur apportent une égalité : les hommes ne se mobilisent pas pour l'égalité* a priori *mais ensuite, certains suivent.* »

Femmes et politique, un rendez-vous raté ?

Pour Roselyne Bachelot, les femmes et la politique, « *c'est peut-être un grand rendez-vous raté : au moment où il y a des places à prendre, les citoyens désavouent la politique. Celle-ci perd de son prestige et du coup attire moins les femmes.* » Sans compter que le standard masculin politique paraît bien souvent inadapté pour les femmes. « *Les gens veulent vous voir sur le terrain, souvent le week-end, les jours de marchés, etc.* » Difficile de faire autrement quand le modèle masculin donne le ton. « *J'ai connu une jeune femme politique qui me disait qu'il n'était pas* question qu'elle sacrifie ses week-ends à la politique, qu'elle voulait les passer avec ses enfants. Elle n'a pas fait carrière… » Roselyne Bachelot, elle, a accepté les codes : « Même si mes vêtements et mes comportements ne sont pas masculins », tout en apportant quelques aménagements : « Je n'assiste pas aux banquets mais à l'apéritif ou au café. Quand j'explique que ma famille, c'est sacré, on me comprend et peut-être que l'on tolère mieux cela d'une femme… C'est un compromis. Dans ma fédération UMP du Maine-et-Loire dont j'assure la présidence, je n'organise jamais de réunion après 20 h 30. » Et de citer le modèle suédois. « J'ai été frappée par les modes de fonctionnement de la politique en Suède où il n'y a pas de réunions après 17 heures et pendant le week-end. Au Parlement européen également, il y a très peu de séances de nuit. En France, nous avons un fonctionnement monarchique et masculin. » Des évolutions sont possibles. « Les femmes qui arrivent au pouvoir doivent changer les choses : l'organisation de réunions courtes, en évitant qu'elles aient lieu le soir, est un bon exemple, mais il y en a d'autres. » D'où sa solidarité envers celles qui veulent faire de la politique. « J'essaie de pousser les femmes vers la politique. Quand j'étais ministre, la moitié de mon cabinet était féminin. » Et de défendre celles qui sont attaquées non pour leurs idées mais parce qu'elles sont des femmes, de droite ou de gauche.

Les femmes et les filles « de » sont tolérées

La montée dans l'appareil politique reste encore essentiellement réservée aux hommes. « *Les hommes ont le pouvoir et n'ont pas envie de le donner aux femmes. Je les comprends : je n'ai pas, moi non plus, envie de donner ma place. La politique est un système mafieux qui marche par parrainage. En politique, on est toujours le fils ou la fille de quelqu'un car cela fonctionne par cooptation. Cette filiation est biologique ou spirituelle. On comprend alors pourquoi il est si compliqué pour un homme de promouvoir la carrière d'une femme, sauf à passer pour son amant ! Il choisit de pousser un autre homme. Sauf quand un père biologique choisit sa fille… C'est pour cela qu'il y a beaucoup de filles de leur père en politique. C'est mon cas, comme Martine Aubry ou Michèle Alliot-Marie. »* Et on admet encore mal l'ambition nationale d'une femme politique. *« C'est presque plus facile d'accepter l'ambition de femmes d'exception que la parité avec 280 femmes à l'Assemblée nationale. On admet mieux le syndrome de la reine des abeilles. Deux types de femmes sont tolérés en politique : l'épouse légitime, type Simone Veil et les favorites : celles que l'on prend et que l'on jette. Je ne suis pas – encore – une icône… et ne serai jamais une courtisane ! »* En plus, les femmes s'accrochent moins au pouvoir. *« Une femme sait qu'il y a quelque chose d'autre après la politique et quitte le pouvoir avec moins de douleur. Les hommes ne font que ça, n'ont que ça. Même leur approche de la vie sexuelle est conditionnée par la politique. »*

Je n'aime pas qu'on dise que les femmes sont douces

Pour Roselyne Bachelot, c'est une question de justice que les femmes aient leur place en politique.

Ensuite chaque individu apporte ses qualités, son combat d'idées. « *Je n'aime pas que l'on dise que les femmes sont plus douces, plus à l'écoute des problèmes, etc. Je connais des femmes très sèches de cœur et des hommes très généreux. C'est à ce motif-là qu'on nous limite à des postes sexués : social, environnement, etc. Attention aux préten-dues qualités féminines. Elles nous cantonnent dans des ghettos et nous empêchent d'accéder aux fonctions généralistes.* » Et de faire passer le message qu'il faut encore se battre. « *Beaucoup de femmes pensent que le problème est réglé. C'est faux. Quand je plaide la cause de la parité dans un lycée ou une université, les filles sont bienveillantes mais incrédules. Je les préviens qu'elles verront à 40 ans les mecs, moins brillants pourtant, gagner plus ou leur piquer une bonne place au Conseil régional. Le combat ne fait que commencer.* »

CV

59 ans.
Docteur en pharmacie.

Roselyne Bachelot a notamment été conseillère générale du Maine-et-Loire, vice-présidente du conseil régional du Pays de Loire, députée RPR du Maine-et-Loire, rapporteur de l'Observatoire sur la parité, présidente du Conseil national des personnes handicapées et ministre de l'Écologie du gouvernement de Jean-Pierre Raffarin.

Auteure de *Deux femmes au royaume des hommes* (avec Geneviève Fraisse, Hachette, 1988), *Le Pacs, entre haine et amour* (Plon, 2000), *Les maires : fête ou défaites ?* (Anne Carrière, 2002).

◯ Anne est venue à la politique par le féminisme

Anne Hidalgo est première adjointe au maire de Paris.

« L'appareil politique est une machine à broyer les femmes. »

« Je me suis toujours intéressée à la question du travail, notamment aux relations dans le travail et à la formation. » En 1982, Anne Hidalgo est nommée inspectrice du travail. C'est l'époque des lois Auroux. Celle aussi où Michel Rocard propose la parité aux élections européennes. *« J'ai eu du mal à me faire appeler inspectrice et non inspecteur ! »* Dès ses premières expériences d'inspectrice, elle constate, dans les usines, toutes les discriminations dont les femmes font l'objet, notamment dans le secteur sinistré de la sidérurgie. *« Je voyais les effets des restructurations sur des femmes licenciées après vingt-cinq ans de maison qui partaient avec un chèque de 50 000 francs. »* Son engagement politique est né à cette période. *« Je suis venue à la politique par le féminisme. »* En 1995, le Bureau international du travail (BIT) lui confie une mission pour proposer un plan d'actions en faveur de l'autonomie et de l'égalité des femmes à la conférence de Pékin des Nations unies. Elle travaille aussi au cabinet de Martine Aubry sur les questions de formation professionnelle au titre de la préparation de la loi sur la parité. Et en garde un souvenir amer. *« Le débat avec les groupes parlementaires et le Sénat a été extrêmement dur. Nous nous sommes fait traiter de tous les noms. »* Seule consolation : la solidarité entre les

235

femmes « *trans partis.* » Mais la politique n'est pas tendre envers les femmes d'une façon générale. « *La politique est une machine à broyer les femmes. J'ai été assez épargnée car je ne suis pas passée par l'appareil politique.* » Inscrite au PS en 1995, elle a été recrutée dans des cabinets ou des ministères pour son expertise dans le domaine du travail. Puis elle a été appelée par Bertrand Delanöe. « *J'ai quand même été brocardée lorsque je l'ai remplacé après l'attentat et j'ai été très soutenue par les femmes de tous bords.* »

Les vieux se cramponnent

Selon Anne Hidalgo, le parcours normal est très dur. « *La montée dans l'appareil politique : militante, secrétaire de section, responsable de fédération, etc., est difficile.* » Après les municipales qui ont permis à près de 50 % des femmes l'accès à des responsabilités, « *il y a eu un vent de fronde chez les hommes. Ils ont même dit dans le parti que nous allions leur faire perdre les élections. Et cela a été répété après la défaite de Jospin. Pour le centenaire du PS nous avons vivement réagi contre la manifestation qui comprenait cinq tables rondes dont quatre sans femmes et une avec deux femmes* ». En politique, il n'y a pas comme dans l'entreprise, la question de la courbe démographique liée au départ à la retraite. « *Car les vieux s'accrochent.* » Évidemment, il y a des exceptions. Bertrand Delanöe a nommé 19 femmes sur 33 dans son exécutif. « *Lionel Jospin n'avait pas non plus de préjugés.* » Anne Hidalgo reste confiante pour l'avenir. « *Le vivier existe, en particulier depuis les municipales. Il sera difficile à étouffer.* » Les femmes politiques doivent avant tout compter sur la complicité de leur entourage et avoir les moyens d'organiser la vie domestique. « *L'équilibre vie privée professionnelle est encore plus difficile en politique. Il est notamment impossible de refuser des réunions tardives.* » Anne Hidalgo estime qu'il faut aider les femmes à franchir le cap du local au national.

Savoir ce qui vous attend

Elles ont besoin d'être encouragées, coachées, d'apprendre les codes et de savoir ce qui les attend. « *Ne pas tomber dans des pièges classiques, résister aux claques destructrices dont elles vont faire l'objet et qui leur rendent difficile de rester elles-mêmes. Il faut les rendre plus sûres d'elles. Ce sont toujours les femmes qui pensent et disent qu'elles ne vont pas y arriver. Il n'y a aucune raison.* » À condition de respecter les règles du jeu. Exister sans se faire remarquer. « *Je n'interviens que si je connais le sujet, sinon je m'abstiens. Un homme se sent diminué s'il n'intervient pas…* » À condition aussi d'être solidaires entre femmes, indépendamment des partis. « *La pression de l'opinion joue en notre faveur. Les femmes ne se reconnaissent pas dans les modèles masculins politiques, les pratiques, les opinions. Or, il y a très peu de femmes politiques visibles.* » Et elles apportent indéniablement à la politique. « *Elles inventent. Elles ont des positions ouvertes par rapport aux sujets de société. Elles dialoguent plus facilement avec les milieux associatifs. Elles n'arrivent pas en réunion avec « le flingue » à la main. Et elles ont une grande capacité à dialoguer, à convaincre.* »

> CV
>
> 45 ans.
> DEA de droit social et syndical.
>
> Anne Hidalgo est première adjointe au maire de Paris et conseillère régionale. Elle a été successivement inspectrice du travail, chargée de mission auprès du DRH de la Compagnie générale des eaux, conseillère au cabinet de Martine Aubry (ministère de l'Emploi et de la Solidarité), conseillère technique au secrétariat d'État à la Formation professionnelle (Nicole Péry), conseillère technique de Marylise Lebranchu (Justice), chargée de la formation professionnelle au PS puis de la culture et des médias.

5. Le beurre et l'argent du beurre

> *« Savoir ce qu'on veut, ne pas tout vouloir*
> *en même temps. »*
> Margaret Milan

Le soutien des réseaux, une politique volontariste des entreprises en faveur des femmes, l'assistance de coachs et de mentors aident les femmes à anticiper ce qui les attend si elles envisagent de s'engager sur la voie de responsabilités importantes, à mesurer leurs forces, à découvrir les aides disponibles.

Personne ne peut néanmoins prendre à leur place les décisions qui engagent leur avenir et celui de leurs proches.

De quoi s'agit-il pour les femmes qui doivent ou veulent travailler ? Soit envisager, sans chercher à gravir tous les échelons, de suivre un chemin professionnel *« normal. »* Il peut être tout à fait satisfaisant et permettre de gérer un volume d'activités compatible avec un équilibre harmonieux entre leurs aspirations diverses. Ce n'est pas le propos de ce livre consacré aux dirigeantes mais beaucoup de femmes s'épanouissent dans des fonctions qui n'ont pas la plus grande visibilité. Elles y apportent, avec moins de stress, leurs qualités propres comme managers intermédiaires, responsables de projets, d'équipes, de produits, de services, éminences grises dans des lieux stratégiques. Elles peuvent avoir une influence réelle sur l'évolution et les résultats de leur entreprise. Il est d'ailleurs dommage que ce type de femmes ne soit pas davantage médiatisé pour fournir des *« modèles »* aux autres. C'est Agnès Touraine, présidente du cabinet de conseil ActIII, qui souligne : *« Entre les postes très en vue et les postes sans grand intérêt, il y a toute une palette de jobs et de responsabilités intermédiaires dans lesquelles sont engagées des femmes de valeur. Mais on en parle peu. »*

Si on ambitionne les positions à l'avant-scène, parce qu'on veut être sûre d'agir sur le cours des choses et qu'on ne voit pas pourquoi on ne ferait pas aussi bien que les camarades masculins, il ne faut pas se leurrer. Il faudra, comme eux et sans doute plus qu'eux, s'investir à fond et prioritairement en temps et en énergie, et il est utopique de penser pouvoir aller chercher ses enfants tous les jours à l'école et surveiller leurs devoirs. Et, bien sûr, de couper trop longtemps les liens avec son entreprise pour des raisons de maternité. Inutile également d'espérer avoir une vie culturelle et sociale riche. *« Quand j'étais présidente de McKenzie, je n'ai vu aucun film ni aucune pièce de théâtre »*, confie Christine Lagarde.

Choix éminemment difficile, dans les années cruciales de la trentaine le plus souvent, car les femmes sont animées par des pulsions multiples : l'envie de réussir professionnellement, d'avoir une vie personnelle et familiale riche et par-dessus le marché d'exceller en tout. Pour Louise Guerre, *« la grande difficulté des femmes est de vouloir tout faire très bien, d'être de bonnes mères, de bonnes épouses, de bonnes amantes. Ce n'est pas possible, il faut rompre avec la femme parfaite dans tous les domaines . »*

La question déterminante reste : *« Qu'est-ce qu'une bonne mère ? »* et la façon dont on y répond sans tricher est décisive. Comme le dit Sandra Bellier, directrice générale de Capio, qui a six enfants et a toujours travaillé : *« Puis-je bien bosser en m'occupant de mes enfants ? Quelle image de mère je renvoie et quelle image me renvoient les autres quand je me consacre à mon travail ? »*

Tout concourt à culpabiliser les femmes qui veulent devenir des patronnes : le poids historique de la répartition des rôles et les systèmes de représentation qui en sont nés ; les psys, dont les femmes sont tellement friandes (ce que Valérie Toranian appelle *« la culture psy ou l'opium des femmes »*), qui trouvent toujours la racine du mal-être ou du mal-agir des enfants dans le comportement de la mère. *« On en fait trop avec la maternité »,* proteste Mercedes Erra (cinq enfants).

Des mères bien dans leur peau

Une bonne mère, ou pas trop mauvaise (Freud ne dit-il pas que quoi que fassent les parents, ils font mal ?) n'est-elle pas une mère qui se sent bien ou le mieux possible et qui ne fait payer à personne ses *« sacrifices »* ? Ne vaut-il pas mieux une mère qui partage avec ses enfants des moments privilégiés et qui est à leur écoute lorsqu'elle est avec eux qu'une mère que les regrets rendent amère et agressive vis-à-vis de son environnement et parfois jalouse et dure à l'égard des femmes qui vont au bout de leur ambition ? Si tous les enfants des femmes qui travaillent beaucoup étaient malheureux et attardés, cela se saurait : aucune étude ne l'a encore affirmé. Les enfants ont besoin de tranquillité et d'amour. L'amour de la mère est essentiel, mais celui du père aussi et, au risque de choquer, celui d'une nounou attentive et tendre, comme celui des grands-parents disponibles. Beaucoup de mères, y compris parmi les dirigeantes, ne sont pas encore prêtes à partager leur exclusivité. Elles préfèrent continuer à « *jongler* » jusqu'à l'épuisement. « *Le choix ne porte pas seulement sur la question du temps, de son partage ou de son articulation ; plus fondamentalement il s'agit de choisir entre des rôles et des terrains d'investissement.* »[1]

Autrement dit, pour choisir sa trajectoire il faut vraiment mettre tous les éléments à plat. Ne pas tout vouloir, ni surtout tout en même temps ; faire le tri, hiérarchiser. Et être ensuite cohérente et transparente avec soi-même et les autres. Louise Guerre s'étonne que beaucoup de femmes qui tiennent des discours féministes « *acceptent des discriminations à la maison et au bureau et passent leur vie à gémir* ». « *Il vaut mieux se faire respecter que se faire plaindre* », comme le dit Valérie Toranian. Pourquoi ne pas être claire

---

1. Jacqueline Laufer, étude APEC.

dès le départ, avec son conjoint, et avec ses employeurs ? « *Quand je me suis mariée, il était établi que je travaillerais. Donc le deal était simple et n'a jamais été remis en question* », précise Laurence Danon. Bien sûr, parfois cela ne marche pas.

Vis-à-vis de l'entreprise aussi les femmes doivent arrêter de ronger leur frein et annoncer la couleur. « *Ne pas se réfugier dans la modestie, ne pas se rendre invisible et attendre qu'on vous remarque, savoir exprimer ce qu'on souhaite et ce qu'on estime qui vous est dû.* »[1]

Et choisir leur entreprise, comme le recommande Laurence Danon, en fonction de sa réputation en matière de mixité et de promotion des femmes. Elles commencent à être plus transparentes.

Comme le souligne Patricia Barbizet, patronne d'Artémis : « *L'enjeu essentiel, et il n'est pas encore gagné pour les femmes, et sur quoi il faut se battre, c'est qu'elles aient le choix.* »[2] Et que ce choix se décide librement après avoir fait le ménage de toutes les fausses contraintes.

---

1. Lois P. Frankel, *Ces filles sympas qui sabotent leur carrière*, Village Mondial, 2005.
2. Women's forum Deauville.

◯ Louise ne supporte pas le mensonge

Louise Guerre est présidente de Serda, société spécialisée dans l'organisation de la mémoire et du savoir.

« Il faut rompre avec l'idéal de perfection des femmes. »

Petite-fille et fille d'enfants de la balle, Louise Guerre passe son enfance à voyager à travers le monde avec ses parents artistes dans un cirque, puis dans des music-halls comme travailleurs indépendants. *« Ils trouvaient et négociaient eux-mêmes leurs contrats. »* Bercée par de nombreuses cultures, elle est animée du désir d'apprendre, de comprendre, d'aller vers les autres. Elle choisit de se poser à Paris pour ses études universitaires et se dirige vers la sociologie *« pour être plus proche des autres »* et la géographie urbaine *« pour comprendre la planète. »* Pendant ses études, elle est impatiente d'agir, elle cumule les petits boulots et se passionne pour les nouvelles technologies. Au cours d'un stage à l'Institut d'aménagement et d'urbanisme de la région Île-de-France (IAURIF) où elle doit interroger les bases de données en environnement pour les chercheurs, les techniques lui paraissent peu performantes et largement perfectibles. Elle fonde donc en 1985 avec Pierre Fuzeau, historien, le Serda, entreprise dont l'objectif est d'améliorer et d'accompagner les systèmes de gestion documentaire et d'archivage en utilisant les techniques de pointe, et d'accompagner et former les entreprises et les organisations.

Agir comme s'il n'y avait pas de différences

Elle reconnaît avoir eu plus de difficultés qu'un homme auprès des banques quand elle a lancé sa société. Mais elle part du principe que, concernant les différences entre les hommes et les femmes, « *à partir du moment où on agit comme s'il n'y en avait pas, cela change le rapport de force, en tout cas dans le monde économique.* » Elle n'a pas connu de problème de choix, d'organisation. « *J'avais envie d'un enfant. Et je voulais fonder mon entreprise. Je l'ai fait. Je n'ai pas pris d'orientations incompatibles.* » Dans la direction de son entreprise, elle va au plus simple, sans assistance ni secrétariat, qui lui paraissent « *totalement archaïques.* » L'accueil téléphonique répond effectivement que « *Madame Guerre gère elle-même son agenda.* » Il y a peu de hiérarchie. « *Chacun traite ses dossiers, a des responsabilités et une grande autonomie. Mais je ne supporte pas le mensonge. Si quelqu'un triche en me disant qu'un dossier avance alors que c'est faux, je suis impitoyable.* » Louise Guerre apprécie aussi la transparence. « *Il faut dire la vérité. Lorsque nous avons traversé une crise sérieuse au moment de la guerre du Golfe, les affaires étaient en baisse et l'avenir sombre. Nous avons tout mis à plat avec l'équipe. Chacun a fait des suggestions. Nous avons élaboré une nouvelle stratégie et tout le monde est resté.* » En ce qui concerne le recrutement, elle trouve surtout des femmes dans sa spécialité mais essaie de maintenir la mixité. Et elle se remémore avec étonnement des candidats – pourtant jeunes – refusant d'être dirigés par une femme…

L'entreprise, lieu de lien social

Pour Louise Guerre, les femmes sont plus extraverties et parlent plus librement d'elles. *« L'entreprise est un lieu de vie. On ne peut faire une coupure drastique avec l'extérieur, isoler artificiellement l'entreprise du reste du monde. C'est un lieu de lien social. »* Et le marché évolue, les attentes des jeunes croissent en termes de qualité de climat de travail, de flexibilité des horaires…

Les femmes ne doivent pas tout accepter. *« L'entreprise véhicule des schémas masculins, des systèmes de cooptation. Dans ce contexte, les femmes acceptent un certain nombre d'inégalités avec fatalité, comme être moins payées. Elles ne réclament pas, elles demandent moins, elles attendent, elles espèrent. Quand on veut quelque chose, homme ou femme, il faut le dire, le demander. »* Et si on atteint le plafond de verre, il faut aller ailleurs. Évidemment, c'est plus facile et moins impressionnant dans une PME que dans une multinationale. *« Mais les femmes doivent être cohérentes entre leurs envies et leurs comportements, entre l'extérieur et l'intérieur de l'entreprise, entre leurs discours et leurs pratiques. J'observe souvent de leur part de nombreux discours féministes et je les vois accepter des discriminations à la maison et au bureau et ensuite se plaindre. Nous devons arrêter de jouer les victimes. Et se battre pour aider celles qui n'ont pas les moyens de se défendre seules. »*

CV

47 ans.
DEA en sociologie et en géographie urbaine.

Louise Guerre est fondatrice et présidente de Serda, société spécialisée dans l'organisation de la mémoire et du savoir (formation, édition et conseil) qui emploie une trentaine de personnes.

Première présidente femme du CJD (Centre des jeunes dirigeants d'entreprise) de 2002 à 2004.

Conclusion

> *« Que les hommes cessent d'avoir peur. Les femmes ne leur veulent pas de mal. Elles ne sont pas contre eux et elles aiment être tout contre. Le problème n'est pas de dissoudre la masculinité ou la différence purement sexuelle. Le problème est de dépasser l'impertinence de la définition du sexe, qui devient définition de genre avec hiérarchie, discrimination, exclusion. Il ne s'agit pas d'aboutir à un monde asexué, il s'agit de nier la validité de la distinction sexuelle, comme marqueur, étalon, repère pour l'ensemble de la vie sociale. »*
> Armelle Le Bras-Chopard[1]

Les différences sociales entre les sexes ont été historiquement construites et les rôles hiérarchiquement attribués par les hommes et à leur profit, de façon inégalitaire. Pour contrôler la reproduction biologique ils ont mis les femmes sous tutelle. À eux, les tâches nobles à l'extérieur, à elles les tâches domestiques, les petits

---

1. Armelle Le Bras-Chopard, *Le masculin, le sexuel et le politique*, op. cit.

boulots. Dès le départ, elles n'ont pas été considérées comme des individus à part entière et les domaines essentiels de pouvoir sont restés exclusivement masculins. C'est ainsi.

Les hommes et les femmes d'aujourd'hui sont encore victimes, les uns et les autres, de cet héritage car il y a un « genre masculin » construit socialement tout autant qu'un « genre féminin », héritage heureusement écorné dans les pays développés. La maîtrise de la contraception a ouvert aux femmes qui pouvaient en bénéficier les voies de l'autonomie et de l'égalité dans des domaines essentiels : sexuel, politique, économique. Mais tout n'est pas gagné. Les mécanismes de reproduction sociale sont encore largement aux mains des hommes pour l'ensemble des organisations. Et ils ont du mal à partager.

Dans l'entreprise où les femmes sont de plus en plus nombreuses, les postes de direction leur sont toujours comptés. Cela ne durera pas. Trop de facteurs convergent pour y remédier.

Le mouvement est en marche, il est irréversible. Il est porté par les courants qui traversent la société, par l'énergie des femmes et la complicité croissante des hommes. Ceux qui sont ou arrivent au pouvoir, qui ont des femmes et des filles qui veulent faire carrière, et auront du mal à imaginer qu'elles puissent être bloquées. Mais la raison essentielle de l'irréversibilité de ce mouvement et de son accélération tient aux résultats que les femmes obtiennent. Elles sont excellentes dans l'exercice de responsabilités et sont des agents de changement efficaces. Elles apportent à l'entreprise ce dont elle a besoin pour rester au XXIe siècle une institution humaine majeure et respectée, productrice de richesses matérielles et immatérielles : une diversité indispensable à l'innovation, aux performances et à l'éthique. Avec en prime les avantages d'un partenariat égalitaire entre hommes et femmes.

Sans brandir les discours emphatiques du type « *la féminisation du monde* » ou « *la femme est l'avenir de l'homme* » ou encore les scénarios évoqués à partir de l'invention de l'utérus artificiel ou de la dégénérescence du chromosome Y, nous sommes persuadées que, dans tous les domaines, dans tous les pays, partout où les femmes parviendront à accéder au pouvoir, elles changeront le cours des événements.

Si elles accèdent à égalité avec les hommes aux postes de responsabilités, le monde sera plus « *humain* ». Comme l'a dit Aude de Thuin en ouvrant le premier Women's forum, rencontre de plus de 500 femmes au pouvoir dans le monde entier : « *le temps est venu pour les femmes*

251

de participer pleinement aux affaires du monde, à tous les niveaux, car la complémentarité entre hommes et femmes est sans aucun doute le fondement de l'équilibre du monde d'aujourd'hui et de demain. »

Liste des personnes interviewées

Bernadette ANDRIETTI – Directrice générale de Intel France.

Agnès ARCIER* – Chef de service à la Direction générale des entreprises du ministère de l'Économie, présidente fondatrice de l'association des femmes hauts fonctionnaires : Administration Moderne.

Edith ARNOULT-BRILL – Présidente de la FUAJ (Fédération unie des auberges de jeunesse) et du CNVA (Conseil national de la vie associative).

Marie-Hélène AUBERT – Députée européenne (Verts).

Roselyne BACHELOT* – Députée européenne, ancien ministre de l'Écologie.

Martine BALOUKA* – Directeur général Tourisme du groupe Pierres Vacances.

Laurence BARANSKI – Consultante, fondatrice de LB Consultants et l'association Interactions : Transformation Personnelle/Transformation Sociale.

Chantal BAUDRON – PDG de Chantal Baudron SA (cabinet de recrutement).

Isabelle de BEAUFORT – Directrice académique de l'*executive* MBA Essec-Manheim.

Carol BELLAMY – Directrice exécutive de l'Unicef, ancienne présidente de l'Unicef.

Sandra BELLIER – Directrice du développement e-business d'Adecco, fondatrice et directrice de Capio, filiale d'Adecco.

Pierre BELLON – Fondateur, PDG de Sodexho Alliance.

Chistine BÉNARD – Directrice générale de Valéo Systèmes Thermiques SAS.

Pierre BLANC-SAHNOUN – Fondateur et dirigeant du Cabinet « Vis-à-vis », coach de cadres dirigeants et journaliste.

Catherine BLONDEL – Coach de dirigeants.

Véronique BOUHAFS-BLANCHARD – Directrice des sites internationaux de Hewlett-Packard.

Claire BREUVART* – Directrice de la Régie européenne de Cinéma et fondatrice du Forum international cinéma et littérature.

Armelle CARMINATI-RABASSE – Directrice des programmes leadership et diversité d'Accenture.

Yseulys COSTES – Fondatrice et présidente de MilleMercis.com.

Laurence DANON* – Présidente du directoire du Printemps.

Béatrice DAUTRESME – Vice-PDG de L'Oréal.

Véronique DESJARDINS – Directrice de l'Hôpital Bretonneau.

François DUPUY – Président de Mercer Delta Consulting France.

Mercedes ERRA* – Présidente exécutive d'Euro RSCG Worldwide et présidente de BETC Euro RSCG.

Hervé FARRET – Responsable du recrutement et de la communication interne Xerox France.

Geneviève FERONE – Directrice générale déléguée de BMJ CoreRatings.

Isabelle FINKELSTEIN – Directrice du développement de Médecins du Monde.

Anne FOUCHARD – Directrice de l'information et de la communication de l'Unicef.

Isabelle GERMAIN – Vice-présidente de l'AFJ (Association des femmes journalistes).

Louise GUERRE* – PDG de Serda, 1re femme patronne du CJD (Centre des jeunes dirigeants).

Dominique HANS – Coach de femmes dirigeantes.

Anne HIDALGO – 1re adjointe du maire de Paris, membre du comité de direction du PS.

Chantal JAQUET – Ancienne directrice de la Qualité et du Développement de Carrefour.

Françoise JEANSON – Présidente de Médecins du Monde France.

Christine LAGARDE* – Ministre déléguée au Commerce extérieur, présidente du conseil stratégique mondial de Baker & McKenzie.

Élisabeth LAVILLE* – Fondatrice et directrice de l'agence Utopies (développement durable).

Corinne LEPAGE – Avocate, fondatrice et dirigeante du Cabinet Huglo Lepage, ancienne ministre de l'Environnement, fondatrice de Cap 21 (parti écologique).

Marie-Christine LEVET* – Présidente de T-Online France/Club-Internet.

Eric MAUGEIN – Directeur général France de Lego.

Marion MAZAURIC* – Fondatrice des éditions Au Diable Vauvert.

Jacqueline MENGIN – Présidente de la Fonda (Fédération des organismes nationaux pour le développement agricole).

Martine MICHELLAND-BIDEGAIN* – Consultante, ancienne DRH de Thomson (1983-1993) et directrice déléguée Air France (1993-1998).

Margaret MILAN* – Fondatrice d'Éveil & Jeux, présidente de la fondation Éveil & Jeux, présidente du réseau européen PWN.

Laurence MONNIER-VERDIER – DRH de Manpower.

Eliane MOYET-LAFFON – Présidente du Club HRM Women.

Maria NOWAK* – Fondatrice, présidente de l'Adie (Association pour le droit à l'initiative économique)

Anne PASQUIER – ancienne DG de Aubade.

Marie-Claude PEYRACHE – Présidente de European PWN/Paris, ancienne directrice de la communication de France Télécom.

André-Yves PORTNOFF – Chercheur journaliste Directeur de la collection Perspectives/Futuribles.

Marie REBEYROLLE – ancien directeur université interne PPR – Docteur en anthropologie d'entreprise. Auteur d'« utopies, 8 heures par jour », L'Harmattan, 2006.

Dominique REINICHE – Présidente Groupe Europe de The Coca-Cola Company.

Jacques ROBIN – Fondateur du Groupe des Dix et de la Revue Transversales/Sciences Culture.

Anita RODDICK* – Fondatrice de The Body Shop.

Gabrielle ROLLAND* – Consultante, ancienne associée de Cap Gemini.

Louise ROY* – Consultante internationale, présidente du forum sur le leadership d'avenir (Cirano), ancienne vice-présidente exécutive d'Air France.

Laura SERANI* – Directrice de la photographie, de l'audiovisuel et de la collection photos de la Fnac.

Catherine SPINOLA – Ancienne directrice de l'agence Val-de-Marne de France Télécom.

Catherine TABAKA – Coresponsable du *Women's Network* de General Electric France.

Agnès TOURAINE* – Fondatrice, directrice de Act3 Consultants, ancienne PDG de Vivendi Universal Publishing.

Avivah WITTENBERG-COX* – Fondatrice et présidente d'honneur de PWN *(Professional Women Network)* et de Diafora Consulting (cabinet de promotion des femmes aux postes de décision).

Tita A. ZEITOUN – Experte-comptable, commissaire aux comptes, fondatrice de Boissière Expertise Audit et de l'association Action de Femmes.

Bibliographie

David ABIKER, *Le musée de l'homme* ou *Le fabuleux déclin de l'empire masculin*, Michalon, 2005.

Agnès ARCIER, *Le quotient féminin de l'entreprise*, CPA/Questions de Dirigeants/Village Mondial, 2002.

Marc AUGÉ, *Pour quoi vivons-nous ?*, Fayard, 2003.

Élisabeth BADINTER, *L'un est l'autre* ou *Des relations entre homme et femme*, Odile Jacob, 1986.

Laurence BARANSKI, *Le manager éclairé*, Éditions d'Organisation, 2005.

Christine BARD, Christian BAUDELOT, Janine MOSSUZ-LAVAU, *Quand les femmes s'en mêlent. Genre et pouvoir*, La Martinière, 2004.

Françoise BARRET-DUCROCQ et Evelyne PISIER, *Femmes en tête*, Flammarion, 1997.

Philippe BATAILLE et Françoise GASPARD, *Comment les femmes changent la politique, et pourquoi les hommes résistent*, La Découverte, 1999.

Annie BATLLE, *Les travailleurs du futur*, Laffont, 1985.

Annie BATLLE et Laurence BARANSKI, *Comment jouer collectif*, Éditions d'Organisation, 2005.

Rachel BEAUJOLIN-BELLET (dir.), *Flexibilités et performances*, La Découverte, 2004.

Françoise BERGAGLIA et Joëlle DELAIR, *La dynamique de l'esprit collectif*, Éditions d'Organisation, 2002.

Evelyne BERTIN, *Développer le capital humain de l'entreprise*, EMS, 2004.

Ken BLANCHARD et Mark MILLER, *Comment développer son leadership*, Éditions d'Organisation, 2005.

Serge BLANCHARD, *Quand les RH construisent la croissance*, Éditions d'Organisation, 2005.

Catherine BLONDEL, *Si les patrons savaient*, Seuil, 2000. *Petit traité de philosophie à l'usage des accros du boulot*, Village Mondial, 2004.

Pierre BOURDIEU, *La domination masculine*, Points, 2002.

Véronique BOUREZ, *Women on boards: moving beyond Tokenism*, European PWN, 2005.

Manuel CASTELLS, *L'ère de l'information*, (3 tomes) Fayard, 1999, 1 – La société en réseaux, 2 – Le pouvoir de l'identité, 3 – Fin du millénaire.

Korsak CHAIRASMISAK, *Enseignement d'un dirigeant asiatique*, Éditions d'Organisation, 2005.

Michel CROZIER, *La crise de l'intelligence*, InterÉditions, 1995.

Georges DUBY et Michelle PERROT, *Histoire des femmes*, Plon, 1991.

Bertrand DUCHÉNEAUT et Muriel ORHAN, *Femmes entrepreneurs en France*, Seli Arslan, 2000.

François DUPUY, *La fatigue des élites*, La République des idées/Seuil, 2005.

Dominique ESWAY et Véronique MIRATON, *En avant toutes. Comment réussir quand on est ni riche, ni célèbre, ni homme*, First, 1996.

Patrick FAUCONNIER, *La fabrique des meilleurs*, Seuil, 2005.

Mary FOLLET, *Diriger au-delà du conflit*, Village Mondial, 2002.

Lois P. FRANKEL, *Ces filles sympas qui sabotent leur carrière*, Village Mondial, 2005.

Françoise GASPARD, *Les femmes dans la prise de décision*, L'Harmattan, 1997.

Eliane GUBIN, Catherine JACQUES, Florence ROCHEFORT, Brigitte STUDER, Françoise THÉBAUD, Michelle ZANCARINI-FOURNEL (dir.), *Le siècle des féminismes*, Éditions de L'Atelier, 2004.

Gary HAMEL et C.K. PRAHALAD, *La conquête du futur*, Dunod, 2005.

Serge HEFEZ, *Quand la famille s'emmêle*, Hachette, 2004.

Françoise HÉRITIER, *Masculin/Féminin I : la pensée de la différence*, Odile Jacob, 1996. *Masculin/Féminin II : dissoudre la hiérarchie*, Odile Jacob, 2002.

Rémi HUPPERT, *7 qualités pour manager autrement*, Éditions d'Organisation, 2003.

Bruno JARROSSON, *100 ans de management*, Dunod, 2000.

Jean-Claude KAUFMANN, *L'invention de soi. Une théorie de l'identité*, Armand Colin, 2004.

Catherine LAINÉ et Étienne ROY, *Du bon usage des émotions au travail*, Esf/Cegos, 2004.

Hubert LANDIER, *L'entreprise polycellulaire*, Entreprise Moderne d'éditions, 1987.

Jacqueline LAUFER, *La féminité neutralisée : les femmes cadres dans l'entreprise*, Flammarion, 1982. *L'entreprise et l'égalité des chances*, La Documentation Française, 1992.

Jacqueline LAUGER, Catherine Marry Margaret MARMANI (dir), *Le travail du genre*, La Découverte, 2003.

Élisabeth LAVILLE, *L'entreprise verte*, Village Mondial, 2005.

Armelle LE BRAS-CHOPARD, *Le masculin, le sexuel et le politique*, Plon, 2004.

Pierre LÉVY, *L'intelligence collective*, La Découverte, 2005.

Didier LIVIO, *Réconcilier l'entreprise et la société*, Village Mondial, 2002.

Cristina LUNGHI, *Et si les femmes réinventaient le travail*, Eyrolles, 2001.

Eléonore MARBOT, *Les DRH face au choc démographique*, Éditions d'Organisation, 2005.

Margaret MARUANI (dir.), *Femmes, genre et sociétés, l'état des savoirs*, La Découverte, 2005.

Dominique MÉDA, *Le temps des femmes*, Flammarion, 2001.

Edgar MORIN, *L'identité humaine* (*La méthode* tome V : *L'humanité de l'humanité*), Seuil, 2001.

Janine MOSSUZ-LAVAU et Anne de KERVAS-DOUÉ, *Les femmes ne sont pas des hommes comme les autres*, Odile Jacob, 1997.

Maria NOWAK, *La banquière de l'espoir, celle qui prête aux exclus*, Albin Michel, 1994. *On ne prête (pas) qu'aux riches, la révolution du microcrédit*, J.-C. LATTÈS, 2005. *La place des invisibles* avec Anne HIRSH, J.-C. LATTÈS, 2004.

Jean-Marie PERETTI, *Tous DRH*, Éditions d'Organisation, 2001. *Tous reconnus*, Éditions d'Organisation, 2005.

Pascal PICQ, Michel SERRES, Jean-Didier VINCENT, *Qu'est-ce que l'humain ?*, Le Pommier, 2003.

André-Yves PORTNOFF, *Le pari de l'intelligence – Sentiers d'innovation*, Futuribles/Perspectives, 2004.

Martine RENAUD-BOULART, *Le management au féminin : promouvoir les talents*, Robert Jauze Éditeur, 2005.

Alain RICHEMOND, *La résilience économique*, Éditions d'Organisation, 2003.

Michèle RIOT-SARCEY, *Histoire du féminisme*, La Découverte, 2003.

Jacques ROBIN, *Changer d'ère*, Seuil, 1989.

Anita RODDICK, *Corps et âme*, Village Mondial, 2003.

Gabrielle ROLLAND, *Où sont les leaders ?*, Éditions d'Organisation, 2004.

Gabrielle ROLLAND et Hervé SÉRIEYX, *Colère à deux voix. Quand les organisations laminent les talents*, InterÉditions, 1995.

Joël de ROSNAY, *Le macroscope*, Seuil, 1975.

Hervé SÉRIEYX, 1 – *L'entreprise du 3e type*, Seuil, 1984 (avec G. ARCHIER), 2 – *Face à la complexité mettez du réseau dans vos pyramides*, Village Mondial, 1996. 3 – *Les jeunes et l'entreprise : des noces ambiguës*, Eyrolles, 2002.

François de SINGLY, *Les uns avec les autres ; quand l'individualisme crée du lien*, Hachette, 2005.

Roger SUE, *La société contre elle-même*, Transversales/Fayard, 2005.

Valérie TORANIAN, *Pour en finir avec la femme*, Grasset, 2004.

Alain TOURAINE, *Un nouveau paradigme pour comprendre le monde d'aujourd'hui*, Fayard, 2005.

Catherine VIDAL et Dorothée BENOIT-BROWAEYS, *Cerveau, sexe et pouvoir*, Belin, 2004.

Michel VILLETTE et Catherine VUILLERMOT, *Portrait de l'homme d'affaires en prédateur*, La Découverte, 2005.

Patrick VIVERET, *Pourquoi ça ne va pas plus mal ?*, Transversales/Fayard, 2005.

Nicolas WITKOWSKI, *Trop belles pour le Nobel*, Seuil, 2005.

Avivah WITTENBERG-COX et Margaret MILAN, *Femmes et carrières : une nouvelle opportunité stratégique ?*, European PWN, 2005.

Jamila YSATI, *Beurs, Blacks et entreprise*, Éditions d'Organisation, 2005.

Tita A. ZEITOUN, *Les femmes d'influence et le gouvernement d'entreprise*, Action de Femmes, 2003. *Paroles de dirigeants*, APM/Éditions d'Organisation, 2004.

Les clés du CAC 40, les entreprises françaises vues à la loupe, Guide Prat, 2004.

« L'application du principe d'égalité pour les rémunérations et les perspectives de carrière des femmes » in *Livre vert de la Commission des communautés européennes, juillet 2001 : promouvoir un cadre européen pour la responsabilité sociale des entreprises.*

« La révolution de l'intelligence : Rapport sur l'état de la technique », Numéro spécial, *Revue Sciences et Techniques*, 1985.

L'ouvre-boîtes, les coulisses des grandes entreprises. 1 : Distribution et grande conso. 2 : Industrie et BTP. 3 : Services et conseil, Vie & Cie, 2003-2005.

Modèles d'organisation (ouvrage collectif), CPA/ Village Mondial, 2002.

L'entreprise et le vivant (ouvrage collectif), CPA/ Village Mondial, 2001.

Le Business émotionnel (ouvrage collectif), CPA/ Village Mondial, 2001.

Revues

Les Cahiers de L'ENSPTT, Dir. Marie Rebeyrolle, avril 1988, « Pouvoir au féminin, les femmes dirigeantes dans l'entreprise ».

Les Cahiers du CERGOR n° 03/01 – janvier 2003. « *Au-delà du plafond de verre* », Sophie Landrieux-Kartochan.

Enjeux Les Échos, juillet-août 2004, « L'économie, une affaire de sexe ».

Futuribles n° 288, juillet-août 2003, « Le capital réel des organisations, la méthode VIP ».

INSEAD Quaterly, mars-mai 2005, « Gender diversity ».

Revue française de gestion, juillet-août 2004, « Femmes et carrières : la question du plafond de verre ».

Revue de l'OFCE, (Observatoire français de conjoncture économique), Presses de Science Po, septembre 2004, « Travail des femmes et inégalités ».

Sciences et Techniques, 1983 et 1985, « La révolution de l'intelligence » sous la direction de Thierry Gaudin et André-Yves Portnoff.

Travail, genre et société. Dir. Margaret Maruani, revue du GDR (Groupement de recherche européen, Marché du travail et genre), éditée par Armand Colin, n° 13, 2005, « Les patronnes ».

Journaux

Le Monde Initiatives 01.04.2004, « Quand les femmes sont aux manettes », Annie BATLLE.

Rapports/Études

APEC (Association pour l'emploi des cadres), « Cadres, le temps des femmes », mars 2005.

ARBORUS (association de promotion des femmes dans la prise de décision), « Enquête sur l'impact de la féminisation sur la performance de l'entreprise », 2005.

DARES (Direction de la recherche et des études statistiques, ministère de l'Emploi), « Rapport d'activité de la délégation aux droits des femmes et à l'égalité des chances à l'Assemblée nationale, octobre 2003/juillet 2004 ».

INSEE, « Chiffres-clés 2004 de l'égalité entre les femmes et les hommes ».

MATISSE/CNRS, « Les femmes dans les associations. Enquête sur le profil des dirigeants bénévoles des associations », février 2004.

ORSE (Observatoire sur la responsabilité sociétale des entreprises), « L'accès des femmes aux postes de décision dans les entreprises : entre nécessité et opportunité, une problématique dans la perspective de la responsabilité sociale des entreprises », Nathalie Lavigne, étude n° 5, février 2004.

Actes des rencontres Trans-faire. Intervention de Nicole Mosconi, professeur en science de l'éducation à l'université Paris X Nanterre.

Forum

Women's forum for the economy and society, Deauville, 13-15 octobre 2005.

« *Le Livre Blanc du Women's forum* », Gallimard, 2005.

Index

Q